Mon mariage chinois

Mae M. Franking, Katherine Anne Porter

Writat

Cette édition parue en 2024

ISBN : 9789359945767

Publié par
Writat
email : info@writat.com

Contenu

MOI
EN AMÉRIQUE

J'ai vu Chan-King Liang pour la première fois un certain lundi matin d'octobre. C'était le jour de l'ouverture du collège, et la semaine précédente avait été remplie de l'agitation liée à l'arrivée de nombreux étudiants dans une petite ville vouée à la vie de famille. Chaque foyer possédant une chambre libre était impressionné par le fait que le civisme exigeait qu'elle héberge un étudiant. Par conséquent, lorsque j'ai vu des malles, des boîtes et des sacs tomber sur le porche de notre voisin d'à côté, j'ai dit à ma mère : « Mme James a succombé ! et je suis parti pour mon premier cours avec Celia, une vieille amie.

Alors que nous traversions le campus, nous avons remarqué un groupe de garçons rassemblés sur les marches de College Hall et discutant entre eux. Célia se tourna vers moi. « Voyez-vous celui aux cheveux très noirs, au visage un peu détourné, celui en costume gris, Margaret ? Eh bien, c'est le nouvel étudiant chinois, et les garçons disent tous que c'est un merveille. Mon cousin le connaissait. l'année dernière à Chicago, où il était étudiant en première année en droit international et en sciences politiques, imaginez ! »

Je me tournai et jetai un regard avec un léger intérêt à l'étudiant étranger, sur les cheveux noirs duquel le soleil brillait. Ma première impression fut celle d'un très jeune garçon souriant. "Ça a l'air assez bien", dis-je plutôt sans grâce, et nous sommes partis.

J'étais un étudiant très occupé, commençant avec impatience ma première année de travail et je ne pensais plus aux jeunes Chinois. Mais environ un jour plus tard, j'ai découvert qu'il était le propriétaire des malles et des sacs que j'avais vus rassemblés sur le porche de Mme James. Chan-King était mon voisin d'à côté.

Nous ne nous sommes jamais présentés, comme cela s'est produit, et, même si nous partagions nos études en allemand et en français, nous n'avons pas échangé un mot pendant un certain temps. Plus tard, je me suis retrouvé à admirer son exploit d'apprendre deux langues étrangères par l'intermédiaire de l'anglais, une troisième, et ce, très bien. En même temps, même si je n'en étais pas encore conscient, il m'admirait aussi pour ma maîtrise de ces matières, dans lesquelles je travaillais dur, car j'avais l'intention d'enseigner les langues.

Les progrès de mon intérêt pour lui ont été progressifs et fondés sur le sentiment de son éloignement total, sur un échec total à le considérer comme un être humain comme nous tous. Il était le premier de sa race que je voyais. Mais finalement nous nous sommes parlé par hasard, et, après cela, il nous a semblé inutile de refuser d'aller en classe avec lui un certain matin alors que nous sortions de chez nous au même moment.

Nous nous séparâmes à la porte de College Hall avec un échange de petits hochements de tête informels. J'ai été agréablement impressionné, mais mon élan d'amitié a subi une réaction rapide de tout ce qu'était Chan-King, vu dans le contexte de sa race telle que je la voyais. Je n'avais aucunement l'intention de poursuivre notre association.

Naturellement, Chan-King n'en savait rien. Je pense que j'ai probablement été un peu plus courtois avec lui que nécessaire. Je me souviens avoir été inquiet de peur de le blesser par quelque remarque irréfléchie qui révélerait mon véritable état d'esprit à l'égard de la Chine. J'ai perdu de vue la course chez l'individuel. Je faisais même semblant de ne pas remarquer qu'il m'attendait matin après matin quand je sortais, toujours un peu en retard, me précipitant vers les cours. À la fin du premier semestre, nous faisions naturellement le voyage ensemble presque quotidiennement.

Il était gai et amical, avec une sorte de joie franche qui était son propre don spécial pour vivre. J'ai apprécié sa compagnie, son discours, son esprit splendide. Sa gaieté était un stimulant continu pour mon tempérament maussade, introspectif et statique. J'avais l'habitude d'étudier son visage qui, au repos, avait la véritable impassibilité orientale, une immobilité qui suggérait un silence intérieur ou une rêverie. Mais cette humeur était rare à cette époque, et je me souviens mieux de son rire, de ses yeux brillants qui ne manquaient jamais de la joie des événements quotidiens.

Pendant un certain temps, nous n'étions que deux jeunes étudiants très conventionnels marchant tranquillement ensemble, discutant avec empressement de ce qui semble maintenant drôlement sobre et soigneusement choisi. Nous étions tous les deux déterminés à être dignes et impersonnels. J'avais dix-neuf ans et Chan-King deux ans de plus.

Finalement, Chan-King a demandé à appeler et il s'est présenté à la porte ce soir-là, chargé d'un énorme paquet irrégulier, une collection de trésors qui, selon lui, pourraient nous intéresser. Nous nous sommes tous rassemblés autour de la table de la bibliothèque, où il a déployé une gamme flamboyante de soies brodées, d'ivoire sculpté et de bois de santal et de curieuses petites images en bronze et en bois noir. Ils dégageaient un délicieux parfum, épicé, chaud et doux, avec une saveur amère, un mélange d'huiles, de laques et de poussière d'encens.

Il était très fier de la demi-douzaine de cravates que sa mère lui avait confectionnées, soigneusement calquées sur celle américaine qu'il lui avait envoyée en souvenir. "Elle coud beaucoup et tout ce qu'elle fait est beau", dit-il en caressant l'une des cravates, confectionnées en soie lie de vin et brodées d'un fin fil d'or.

Les mots simples, l'enchevêtrement des choses exotiques posées sur la table, ont mis à cet instant le monde entier entre nous. Je le voyais comme un étranger, lointain et inconnaissable ; J'ai réalisé à quel point il devait être complètement transplanté, évoluant comme il le faisait dans un pays dont les idéaux, les mœurs et les coutumes devaient lui paraître parfois grotesquement fantastiques. « Comme nous devons vous paraître bizarres ! » M'exclamai-je impulsivement en soulevant dans ma main une petite et grosse idole solide.

" Bizarre ? Pas du tout, mais merveilleusement intéressant en tout. Vous voyez, pour moi, tout cela n'est qu'un seul monde ! " Nos regards se croisèrent une seconde. Puis il m'a offert un petit drapeau chinois brodé. J'ai hésité en regardant le dragon se tordant et cracheur de feu, confectionné en soies multicolores. Une fois de plus, les vieux préjugés m'ont envahi. J'étais sur le point de refuser. Mais je vis dans ses yeux une expression de supplication hésitante, mi-anxieuse, qui me toucha. J'ai pris le drapeau, un peu perplexe face à ce regard que j'avais surpris.

Chan-King est devenu un visiteur fréquent chez nous le soir, se liant d'amitié avec mon père et ma mère, avec une véritable déférence chinoise. J'aime me souvenir de ces moments, où nous étions tous assis autour de la grande table, la lampe à l'abat-jour projetant un cercle de lumière claire sur les livres et les papiers, le reste de la pièce dans une agréable pénombre. C'est lors de ces soirées que Chan-King nous parlait de son père, produit chinois typique de son clan et de son époque, qui avait très tôt perçu les limites d'un point de vue trop nationaliste et avait prévu une éducation occidentale pour ses fils, dont Chan-King. King était l'aîné. À partir de son discours, j'ai reconstitué une demi-image de sa maison dans le sud de la Chine. C'était une grande maison de frères, de parents et de serviteurs dirigés par sa mère pendant les absences prolongées de son père, dont les intérêts commerciaux résidaient dans un port insulaire lointain.

Un jour, il apporta une photographie décolorée d'un petit garçon formellement vêtu de velours et de satin chinois d'une époque antérieure. "Moi-même à l'âge de six ans", a-t-il expliqué.

J'ai examiné la photo de près. "Eh bien, M. Liang," dis-je avec émerveillement, "vous portez une—vous portez une—file d'attente !"

Il sourit, ravi de ma confusion. "Oui, c'était une très belle file d'attente", déclara-t-il, "reliée par un cordon de soie écarlate. Je me souviens comment il ondulait au vent lorsque je faisais voler mon cerf-volant sur les collines !"

"Tu portais toi-même une queue noire, Margaret", intervint ma mère, les yeux pétillants, "plus courte que celle-ci, mais souvent nouée avec un ruban de soie rouge."

"Vous voyez, nous avions au moins cela en commun", a déclaré Chan-King. Et il adressa un sourire reconnaissant à Mère. Il y avait une amitié bien établie entre ma mère gentille et compréhensive et Chan-King alors que mes sentiments pour lui étaient encore incertains.

Pourtant, malgré toutes ces raisons de sympathie étroite pour Chan-King, j'éprouvais parfois à son égard quelque chose qui équivalait presque à de l'aversion. Contre de tels états d'esprit, mon sens de la justice personnelle, un trait que je tenais directement de mon héritage écossais, s'est immédiatement rebellé. Je n'ai pris garde de révéler mes sentiments, même si j'aurais probablement dû le faire si j'avais réalisé ne serait-ce que de loin que l'amitié frôlait l'amour. En fait, j'avais l'idéal d'une véritable camaraderie, d'un agréable intermède destiné à terminer nos années d'université.

Vers la fin de l'hiver, à mesure que notre connaissance avançait, une série de ces répulsions me vinrent à l'esprit. Je m'assurais qu'une relation aussi éphémère que devait être la nôtre ne valait guère le temps que j'y consacrais. Je me souvenais que, aussi beau que fût Chan-King, il appartenait à la race chinoise. J'ai décidé de mettre fin à tout l'épisode d'un coup. La manière dont j'ai exécuté ce plan a été inutilement brusque. Je l'évitais indubitablement, allant en classe et rentrant chez moi par un chemin détourné, et refusant de le voir ni en classe ni sur le campus.

Puis, un après-midi, au bout de deux semaines, il m'attendait devant la porte principale de College Hall. Je n'ai pas parlé. Il m'a rejoint sans un mot et a marché en silence jusqu'au bord du campus. Je me tournai brusquement vers une rue secondaire. "Vas par là si tu veux," dis-je grossièrement. "J'ai une course par ici."

Il est venu avec moi. "Je souhaite vous parler", dit-il avec un ton de lassitude étrangement retenu et patient. Nos regards se sont croisés et j'ai vu chez lui une détermination douce et touchante à comprendre et à être compris, qui aurait été plus significative pour moi si j'avais été moins absorbé par mes propres émotions.

"Pourquoi souhaites-tu mettre fin à notre amitié ?" » demanda-t-il doucement, avec sa franchise caractéristique.

"Je... parce que je pensais que c'était mieux", balbutiai-je, complètement désarmé.

"Il n'est jamais préférable de renoncer à une amitié", a-t-il déclaré. "Mais il se trouve que notre amitié finira bientôt après tout. Il est possible que je retourne en Chine. Aujourd'hui, j'ai reçu un télégramme de mon père, disant que ma mère est dangereusement malade. Je saurai d'ici environ un jour si je je dois partir ou rester."

La sympathie humaine a triomphé des préjugés raciaux. « Viens à la maison avec moi, dis-je, et laisse maman te parler. Elle sait toujours quoi dire.

Un autre télégramme deux jours plus tard apportait la bonne nouvelle de l'amélioration de sa mère. L'anxiété de Chan-King pendant ces deux jours m'a tourmenté. Il ne dit rien, mais son visage était tendu et ridé. Il marchait et nous parlions de bien d'autres choses, et il me donna les grandes lignes de son « projet de vie », comme il l'appelait. Il considérait le service diplomatique de son pays comme son objectif final, mais, en chemin, il souhaitait participer à un travail pédagogique et sociologique constructif en Chine. Il était profondément enthousiasmé par les arts anciens et les beautés naturelles de la Chine et vénérait nombre de ses anciennes coutumes. « J'espère que l'introduction d'une éducation moderne ne détruira pas la beauté de l'Orient », m'a-t-il dit, mais il était fermement convaincu de la nécessité de nouvelles idées dans tout l'Orient. J'ai commencé à voir son pays avec un nouveau regard.

Nous allâmes bientôt beaucoup de choses ensemble. Je me souviens de nombreuses fêtes joyeuses sur le campus éclairé à la lanterne, de nombreuses journées sur le terrain et de nombreux matchs de tennis, de toute la liberté innocente de la vie universitaire dont nous profitions ensemble. J'étais plutôt éloigné de mes amitiés personnelles et on me parlait très peu de mes relations avec l'étudiant chinois. Mais maintenant, j'ai commencé à entendre de petits murmures, un vague bourdonnement de discussion, et à observer une observation intéressée de la part des étudiants et des habitants de la ville. Je ne pouvais m'empêcher de constater que des regards curieux nous suivaient lorsque nous entrions ensemble dans un salon de thé ou une salle de concert.

Plusieurs amis de ma mère lui parlèrent de cette affaire avec désapprobation. "Et s'ils tombaient amoureux, se mariaient ?" » a demandé une vieille dame à l'esprit conventionnel. Mais ma mère est née sans préjugés et ne voit jamais de frontières ni de nationalités. Elle était infiniment délicate et gentille. Je sais maintenant qu'elle était plutôt inquiète, car elle estimait que le mariage est une relation déjà assez difficile lorsque chacun connaît l'héritage et les formules de l'autre ; mais elle ne dit rien qui me rende gêné, ne répétant même que longtemps après les remarques de ses connaissances.

Cependant, j'ai entendu des commentaires venant d'autres sources, ce qui m'a un peu irrité et a eu pour effet tout à fait naturel de stimuler ma loyauté envers Chan-King et de susciter parfois une tendresse ardente à le protéger de l'injustice. A cette époque, nous avons provisoirement exprimé notre point de vue sur les mariages mixtes. Nous étions assis sous le porche en fin d'après-midi. "Je crois que le mariage entre races extraterrestres est une erreur", ai-je dit, avec la manière décisive que je cultivais à cette époque. "Il vaut mieux épouser les siens."

« Sans doute y a-t-il moins de difficultés », répondit-il sans conviction. "C'est avant tout un problème personnel. Les mariages entre Américains ne semblent pas toujours réussir."

J'ai flambé. "Nous n'entendons parler que des malheureux", rétorquai-je.

"Mais il y en a donc beaucoup, beaucoup de malheureux", répondit-il doucement. "Je me demande si les mariages malheureux dans tous les pays ne sont pas dus à l'égoïsme, au manque d'amour et au refus de faire des compromis sur des différences sans importance."

Nous ne pouvions pas nous disputer ici, et notre conversation se déroulait amicalement.

Mes pensées au dîner ce soir-là me semblent très amusantes telles que je les rappelle maintenant. Chan-King ressemblait tellement à l'un de nous, lorsque nous étions assis à table ensemble, que je me suis demandé s'il était vrai qu'une femme chinoise ne mangeait pas à la même table que son mari ; si elle l'attendait réellement et lui obéissait sans aucun doute en tout ; si Chan-King retournait bientôt en Chine et y devenait un mari oriental insupportable et autocratique. Cette pensée m'oppressait insupportablement. Puisque Chan-King partait le lendemain pour des vacances d'été, c'était un dîner d'adieu. Il a ensuite insisté pour m'aider à faire la vaisselle, car notre maison était simple et nous n'avions généralement pas de femme de ménage. Nous étions très heureux de cette tâche. « En Chine, confia-t-il en empilant les soucoupes, le sort des femmes est beaucoup plus facile. Elles ont des servantes pour tout ce genre de choses. Je connais une Anglaise qui épousa un Chinois, et elle enseigna ensuite dans un collège pour les pour quelque chose à faire. »

"Elle a très bien fait", dis-je. "L'oisiveté n'est bonne pour personne."

"Les épouses chinoises ne sont pas oisives", répondit-il gravement, "elles ont de nombreuses tâches envers tous les membres de leur maison".

À cela, il tourna son regard vers moi, avec un regard intérieur attentif. Parce que j'étais impressionné, j'ai choisi d'être désinvolte.

"Si je vous obstrue la vue, je bougerai", dis-je.

"Cela ne servirait à rien", répondit-il. "Tu es toujours là, partout où je veux regarder."

Plus tard, il écrivait son nom en caractères chinois sur une photographie qu'il avait offerte à ma mère. Je me tenais à côté de lui. Il a laissé tomber le stylo, s'est tourné vers moi et a pris mes deux mains dans les siennes. Il se pencha vers moi et je m'éloignai en secouant la tête d'un air décisif. J'ai libéré une main et le baiser qu'il voulait pour mes lèvres a atteint mes doigts à la place. J'étais submergé par un sentiment d'invasion. Nous nous sommes disputés, mais sans amertume ni véritable colère. J'étais simplement convaincu que, puisque l'amour n'était pas pour nous, nous étions tenus par toute éthique de maintenir nos relations sous l'apparence extérieure de l'amitié. Pendant un instant, j'ai senti qu'un de mes idéaux avait été brutalement brisé.

"Oh, mais tu t'es trompé !" » déclara-t-il sincèrement, refusant de lâcher ma main.

"Les baisers ne sont pas pour l'amitié", réussis-je à dire.

"Je suis désolé", a-t-il avoué, mais j'ai vu dans ses yeux qu'il regrettait mon incompréhension à son égard, rien de plus.

Au cours de ses voyages d'été, il m'a écrit de nombreuses lettres. J'ai eu le temps de réfléchir, et dans mes pensées j'ai admis qu'être un ami de Chan-King valait mieux que d'avoir l'amour de n'importe qui d'autre dans le monde.

À son retour, nous nous sommes promenés ensemble un soir jusqu'au campus et nous sommes assis sur un banc de pierre à l'ombre lunaire d'un grand arbre. J'avais entendu une remarque, teintée de préjugés raciaux, qui avait réveillé à nouveau dans mon cœur cette tendresse maternelle maussade, et lorsque les yeux de Chan-King suppliaient avec mélancolie, je lui donnai, en offrande sacrificielle, le baiser auparavant refusé.

Cet automne-là, il fut transféré pendant un an dans une université de la Nouvelle-Angleterre. Il m'a dit longtemps après que c'était pour que l'absence m'apprenne à connaître mon propre cœur. Je l'aimais maintenant et je me l'avouais avec une honnêteté amère. Mais tout accomplissement de l'amour semblait si désespéré et lointain, le gouffre fixé entre nos races semblait si infranchissable, que j'abandonnai dans mon cœur et rangeai ses lettres au fur et à mesure, souriant avec un cynisme juvénile affecté au souvenir de ce baiser qui ne pouvait signifier pour nous qu'un souvenir doux et troublé.

Il est revenu de façon inattendue à la fin du trimestre universitaire. Il y avait un regard indescriptiblement plein d'espoir et d'anxiété dans ses yeux alors qu'il me prenait les mains. La première vue de son visage, vieilli et grave au cours de ces longs mois, me provoqua un choc de bonheur poignant, très proche des larmes. Au dépourvu, nous nous sommes rencontrés en amoureux, avec tous les antagonismes momentanément balayés, tous les prétextes oubliés. Je suis allé dans ses bras comme mon seul refuge sûr. Pendant cette heure, l'amour a rendu tout simple et heureux.

Mon père et ma mère ont été étonnés lorsque nous leur avons annoncé notre intention de nous marier. Avec une douce sagesse, Mère nous propose de nous accorder une année de fiançailles, « pour être sûr », comme elle le dit. Nous en étions très sûrs, mais nous avons consenti.

Chan-King écrivit immédiatement à son peuple dans le sud de la Chine pour lui parler de ses fiançailles. Pour moi, il avait une explication importante, faite à sa manière franche et directe. « En Chine, m'a-t-il dit, il est habituel que les parents arrangent le mariage de leurs enfants, souvent des années à l'avance. Quand j'étais très jeune, il était généralement entendu que j'épouserais plus tard la fille du bon ami de mon père, âgé de trois ans. ans de moins que moi. Il n'y a pas eu de fiançailles formelles et, lorsque j'ai quitté la maison pour étudier, j'ai demandé à mon père de ne pas faire de projets précis pour mon mariage jusqu'à mon retour. Le sujet n'a jamais été évoqué depuis, et je n'en ai pas parlé. Je sais quelles sont ses idées maintenant. Mais elles ne peuvent faire aucune différence pour nous — tu comprends cela, Margaret, ma chère ? Une fois de plus, je me sentais en collision spirituelle avec des forces inconnues et m'étonnais de son calme à s'opposer aux prétentions de son hérédité.

Sa famille a répondu à sa lettre par un télégramme interdisant le mariage. Je ne m'attendais sérieusement à aucune autre décision. Une lettre suivit, d'un ton conciliant, dans laquelle son père expliquait que, les études à l'étranger de Chan-King étant presque terminées, des dispositions avaient été prises pour son mariage avec Miss Li-Ying immédiatement après son retour chez lui. Il fit une charmante description de sa fiancée, que Chan-King n'avait pas vue depuis douze ans. Elle était, dit-il, jeune, modeste et gentille, belle et riche, et de plus, elle avait reçu une éducation moderne afin de la préparer au poste d'épouse d'un Chinois avancé. Cette union était grandement souhaitée par les deux familles. En conclusion, la lettre demandait instamment à Chan-King de ne pas empêcher son père d'exécuter le contrat qu'il avait conclu avec un ami, et laissait très gentiment entendre qu'en agissant ainsi, il perdrait tout droit à une considération ultérieure.

Il y avait d'autres lettres. Un ami américain, missionnaire, a écrit — oh, avec beaucoup de tact — sur les difficultés qu'il aurait à garder une épouse américaine heureuse en Orient. Un cousin chinois parla longuement des chagrins qu'une belle-fille étrangère apporterait dans sa maison - de l'amertume d'avoir dans la famille une femme étrangère et têtue, qui ne voudrait pas rendre à ses parents l'honneur qui leur est dû ou rendre leur le service qu'ils attendaient de la femme de leur fils.

De nombreuses lettres de ce genre arrivaient en groupe. Il y avait dans ces lettres un ton de finalité désespérée, une solide conscience de clan qui m'effrayait un peu. J'étais inquiet, incertain. Je n'avais trouvé aucun élément inconciliable dans nos esprits, car j'étais un Occident très conservateur et lui un Orient très libéral. Mais ici étaient représentés les personnes avec lesquelles sa vie devait se dérouler et le milieu social dans lequel elle devait se dérouler harmonieusement. J'ai senti avec une force terrible que ce n'était pas Chan-King, mais ses traditions et ses ancêtres, son formidable passé racial, avec lesquels je devais tenir compte.

De plus, je ne souhaitais pas faire obstacle à son avenir. Je doute que j'aurais trouvé le courage d'épouser Chan-King, si j'avais alors pris conscience de l'importance, notamment dans les cercles diplomatiques et politiques, de l'influence clanique et familiale en Chine. Mais il y renonça si librement, avec une gaieté si assurée et sans regret, que je ne pus que partager son humeur.

Dans ces lettres familiales calmes, logiques et impersonnelles, que Chan-King traduisait pour moi, il y avait une touche de philosophie sinistre qui me glaçait pendant ma lecture. Les lettres traitaient entièrement de son devoir dans ses nombreuses phases : envers ses parents, envers ses ancêtres, envers son pays, envers son propre avenir. Rien d'amour ! Un seul parent, un cousin, en a parlé, et en ce sens : « Vous êtes jeune maintenant, et pour la jeunesse, l'amour semble d'une grande importance. Mais, à mesure que l'âge remplace la jeunesse, vous constaterez que l'amour s'enfuit comme l'eau.

"Ce n'est pas vrai, Chan-King", dis-je avec une conviction solennelle. "L'amour est plus grand que la vie ou la vieillesse ; il vit au-delà de la mort. C'est l'amour qui fait l'éternité !"

À cette époque, Chan-King ne comprenait pas vraiment mon interprétation mystique de l'amour. Mais il répondit très joyeusement : « T'avoir pour femme vaut tout ce que le monde peut offrir. »

Chan-King a continué à écrire à sa famille brièvement et respectueusement, refusant de se laisser influencer de quelque manière que ce soit. Les réponses arrivaient de plus en plus loin, puis cessaient. Il n'y a eu aucune brèche ouverte, aucun déchirement violent des liens. Avec courtoisie, tout en douceur, les mains de son peuple furent retirées et il resta seul.

"Mais ta mère ne t'abandonnera sûrement pas !" M'écriai-je un jour quand je réalisai qu'elle n'avait pas envoyé un seul message dans toute la correspondance.

"Pas dans son cher cœur", dit-il avec une foi inébranlable, "mais bien sûr, elle ne m'écrira pas si mon père désapprouve."

"Mais une mère, Chan-King !" J'ai protesté. "Sûrement, ses sentiments passent toujours en premier !"

Le ton de Chan-King était patient, à la manière de quelqu'un qui a expliqué un fait évident à plusieurs reprises. « En Chine, me rappela-t-il encore, la famille passe toujours avant l'individu. Mais entre toi et moi, Margaret bien-aimée, l'amour est primordial.

Son insistance constante à considérer notre cas comme un cas individuel, ne devant être jugé selon aucune norme ordinaire, a toujours été pour moi une grande source de force. Durant la courte période qui a suivi notre mariage, nous nous sommes disputés à quelques reprises de la manière la plus conventionnelle, avec des accès de jalousie sans fondement ; de petites méfiances qui, de ma part, n'étaient que de simples efforts pour maintenir ce que je considérais comme ma propre fierté féminine, et de sa part, étaient souvent des échecs à ignorer mon tempérament caractéristique. Seulement, d'une manière ou d'une autre, il n'y a jamais eu de rancune dans nos querelles. Pas une seule fois nous ne nierions notre amour l'un pour l'autre.

Nous avions donc prévu de nous marier immédiatement. Il n'y avait aucune raison pour que nous retardions davantage. C'est-à-dire que des raisons pratiques, et qu'ont-elles à voir avec les jeunes amoureux ? "Il est un peu tard pour commencer une réflexion pratique", dit joyeusement Chan-King lorsque nous discutâmes des voies et moyens. "Mais autant faire l'expérience."

Chan-King n'était plus simplement un étudiant bénéficiant d'une généreuse allocation d'un père riche. Avec ses propres ressources, alors que ses études n'étaient pas terminées, il était sur le point de se marier avec une étrangère et d'affronter un monde inédit. Nous étions étrangement légers face à tout cela. Chan-King avait régulièrement dépensé plus de la moitié de son argent depuis son arrivée en Amérique. J'avais l'intention d'être professeur de langues, économiquement indépendant si les circonstances exigeaient une telle aide pour un homme qui débute une carrière. Nos plans furent bientôt terminés. A la fin d'un autre mandat, que nous terminerions ensemble, Chan-King serait diplômé, puis, après un an de pratique de sa profession, il retournerait en Chine, là-bas pour y commencer l'œuvre de sa vie. Je devais le suivre plus tard. Rien n'aurait pu être plus délicieusement simple à ce que nous puissions voir. Quelques jours plus tard, nous nous sommes mariés dans la maison de ma mère par un pasteur anglican. "Bien sûr, tu vivras ici avec nous jusqu'à ce que tu partes en Chine", m'avaient dit mes parents. "Nous voulons que nos enfants soient avec nous, si vous pouvez être heureux ici."

Cela semblait un arrangement très naturel à Chan-King, habitué qu'il était à la vie de famille. Mais j'étais inquiet. L'idée populaire occidentale selon laquelle les gens ne peuvent pas être amis s'ils sont liés par la loi me préoccupait beaucoup. Je ne m'attendais pas à un réajustement radical de tempérament entre mon mari chinois et moi, mais j'attendais avec impatience une période éprouvante de petites complications dues aux différences dans les coutumes domestiques et la routine de la vie quotidienne.

Je n'avais pas besoin de m'inquiéter un instant ; un merveilleux esprit de coopération familiale était une partie importante de l'héritage oriental de Chan-King. Dès le jour de notre mariage, il a pris sa place avec une aisance et un naturel charmants parmi les membres de la maison. L'affection qui existait entre mon mari et mes parents simplifiait parfaitement cette phase de notre relation et nous laissait libres de nous adapter l'un à l'autre et au monde, même si nous ne tenions que très peu compte de ce dernier. Jusqu'à ce que je rencontre Chan-King, l'idée de me faire remarquer m'était insupportable. Mais quand je m'aperçus très tôt que paraître avec lui n'importe où, c'était inviter le regard des curieux, je découvris avec surprise que cela n'avait aucune importance. (J'étais très fière de mon mari et j'adorais me promener avec lui.) Nous étions heureux dès le début.

Découvrir la vie à deux s'est avéré une magnifique aventure, qui se renouvelait quotidiennement. La profonde affection et la tendresse entre nous ont créé des compréhensions subtiles, trop délicates pour être mises en mots. Un regard rapide échangé pendant une pause dans la conversation transmettrait souvent une pensée complète. J'ai toujours pensé que Chan-King avait des perceptions plus aiguës, plus de réserve et plus d'imagination que moi. De plus, il était méticuleux — comme je ne l'étais pas — en ce qui concerne les petites commodités. J'avais toujours été habitué à suivre ma propre voie sans gêner personne, mais j'ai découvert que je ne pouvais pas parler avec insouciance ou agir de manière inconsidérée sans risquer de violer son sens de l'adéquation des choses. Ma plus grande difficulté au cours des premiers mois de notre mariage est venue de mon effort constant pour ajuster mon mode de pensée et d'action pour répondre à un tempérament hautement entraîné et critique, pour qui les pis-aller de l'association, spirituelle, mentale ou matérielle, n'étaient pas disponibles. acceptable. Pourtant, s'il exigeait beaucoup, il donnait davantage. En tout, il avait une générosité si sincère et spontanée qu'elle éveillait en moi une qualité semblable.

Je suis à bien des égards le type élémentaire de femme, exigeant, je le sais, une certaine mesure de domination en amour. Il était impératif que je respecte mon mari, et cela me plaisait de découvrir, au cours de nos quelques légères crises domestiques, que sa volonté était de loin la plus forte. J'avais fait vœu d'obéir, ayant précisé que ce mot ne devait pas être omis lors de la cérémonie du mariage. Comment aurais-je dû le maintenir sous une volonté tyrannique, je ne le sais pas, car Chan-King n'était pas un dictateur domestique. Il tenait pour acquis que nous étions partenaires et égaux dans nos propres domaines de la vie. Il faisait confiance à mon jugement pour gérer ma part de nos affaires et, au cours des années suivantes, il venait souvent me demander conseil sur les siennes. Néanmoins, moralement, la balance du pouvoir était entre ses mains, et j'étais heureux de l'en rester là. Souvent, nos désaccords se terminaient par des rires, car chacun de nous cédait peu à peu de la position initialement adoptée, jusqu'à avoir presque changé de camp dans la discussion. Cela s'est produit encore et encore.

Dès le début, j'ai vu clairement, par une certaine grâce, le point où l'esprit oriental de Chan-King et l'éducation occidentale entraient en conflit le plus aigu : mon attitude envers les autres hommes et leur attitude envers moi. Il n'a jamais été mesquinement jaloux ou méfiant, mais il y avait en lui ce sentiment oriental invincible d'exclusivité amoureuse, ce chérissement de la possession personnelle, si incompréhensible pour l'imagination occidentale moyenne.

J'avais prévu d'enseigner le français à un jeune homme pendant les mois d'été, dans le cadre de mon travail de vacances, et j'ai annoncé mon intention à Chan-King avec désinvolture. Il s'y est immédiatement opposé, pensais-je injustement. J'ai mis beaucoup de temps à le persuader d'admettre les véritables raisons de son objection. Finalement, j'ai dit, un peu au hasard : « Si mon élève était une fille, vous ne vous en soucieriez pas.

"Tu as assez de travail comme ça", a-t-il insisté, mais sans fermeté, et ses yeux se sont détournés des miens. J'ai ri un peu. Il se tourna vers moi avec un visage si affligé que mon sourire mourut subitement. "Oh, ne ris pas !" » dit-il, douloureusement et sérieusement. "Tu dois garder à l'esprit ce que tu es pour moi. Je ne peux pas être différent. Je suis désolé."

J'ai abandonné mon jeune élève inoffensif et je n'ai rien dit de plus. À partir de ce moment, j'ai commencé à élaborer tout mon code de conduite concernant les hommes sur une base strictement impersonnelle et formelle. Ce n'était pas difficile, car ma première et unique affection était centrée sur mon mari, et l'impulsion à la coquetterie était étrangère à ma nature.

La détermination de mon mari à laisser libre cours à mon individualité était parfois dominée, dans des cas modestes qui me ravissaient, par son sens inné de la condition physique. Nous avons joué au tennis et il a très bien joué. Un jour, alors que nous quittions les courts, il m'a dit : « Le tennis n'est tout simplement pas ton jeu, Margaret. Ta dignité fait toujours obstacle à ton dynamisme. Je ne veux pas que tu abandonnes ta dignité, c'est fait trop partie de vous. Mais vous pourriez laisser le tennis tranquille et essayer le tir à l'arc, je suis sûr que cela convient mieux à votre type. L'obéissance amusée avec laquelle j'acceptai sa suggestion se transforma bientôt en enthousiasme pour ce nouveau sport.

Pour moi, le mariage a toujours semblé la relation humaine la plus mystique et la plus importante, impliquant parfois tous les autres, et en particulier la parentalité. Je suis une mère née pour qui l'idée d'un mariage sans enfants est impensable. Depuis que j'avais rangé mes poupées, les enfants de rêve avaient pris place au second plan de mon imagination. Je les voyais vaguement au début, mais avec l'arrivée de l'amour, je savais très clairement à quoi ils ressembleraient. Maintenant que j'avais épousé Chan-King, j'aurais aimé avoir un enfant à la fois comme un lien plus sûr entre nous et une source de réconfort pour moi pendant qu'il ferait ses débuts en Chine. Je savais qu'il aimait les enfants, car à plusieurs reprises j'avais délibérément mis un petit voisin sur son chemin et j'avais remarqué sa chaleureuse amitié et sa douceur avec le tout petit. Mais, craignant qu'il ne soit disposé à accepter une nouvelle responsabilité alors que nos affaires étaient encore incertaines, j'ai mis de côté mon désir d'enfant, même si mes livres préférés devenaient étrangement ennuyeux. Je ne savais pas que mon mari partageait la croyance étrangère habituelle selon laquelle la femme américaine est une mère réticente.

Puis un jour, il alla rendre visite à un de ses amis, un étudiant chinois dont la femme et le petit fils étaient avec lui. « J'ai vu le bébé chinois », m'a-t-il dit avec un empressement enfantin. "Il va bientôt avoir un petit frère. Chanceux bébé !"

« Des parents chanceux ! » Je l'ai corrigé et j'ai soupiré d'envie. Chan-King m'a regardé, l'émerveillement sur son visage se transformant en un sourire ravi. "Tu le penses vraiment, Margaret ?" » demanda-t-il incrédule. Ensuite, nous avons parlé longuement et sérieusement de nos enfants. Pour l'esprit d'antan de Chan-King, les enfants devraient suivre le mariage aussi naturellement que les fruits, et son bonheur de découvrir que mes idéaux étaient exactement les siens nous a amenés à un autre niveau de compréhension et de contentement les uns avec les autres. En outre, expliqua-t-il, un petit-enfant ferait beaucoup pour réconcilier ses parents avec notre mariage.

Heureusement, à la fin de l'année scolaire, j'ai mis de côté mes livres pour une aiguille. J'ai toujours aimé coudre, mais je n'ai jamais trouvé un travail aussi fascinant que la confection de ces minuscules vêtements de soie, de flanelle et de gazon. Ma mère, pratique, protestait contre tant de broderies, mais mon mari se contentait de sourire en fouillant doucement dans le panier de petite couture.

« Après tout, vous êtes une vraie épouse chinoise », disait-il. "Une épouse chinoise coud et brode beaucoup. Elle confectionne même des chaussures pour la famille."

"Des chaussures, Chan-King ?"

"Des chaussures, rien de moins. Fabriquer de belles chaussures est un art, et une femme chinoise est fière d'y exceller. Elle est fière de ses pieds et fabrique toutes ses propres chaussures."

Ensuite, il me racontait des histoires de son enfance et me rappelait les souvenirs du jardin fermé de son ancienne maison, où il jouait au Battledore avec une petite fille, pendant que sa mère et sa mère étaient assises ensemble, brodant et parlant à voix basse. Les deux jeunes mères étaient amies et envisageaient le mariage de leur fils et de leur fille, ce qui renforcerait leur amitié pour en faire un lien familial.

Je m'intéressais beaucoup à cette petite fille, qui parcourait les histoires de Chan-King comme un papillon brillant aperçu à travers la brume. Elle s'appelait Li-Ying et elle n'avait que trois ans lorsqu'elle courait, avec ses petits pieds encore déliés, à travers ces jardins verdoyants de son enfance. Quelque part maintenant, elle était assise, ses pieds de lis doucement croisés, brodant des chaussures, attendant que son père la fiance avec un autre jeune homme.

Lorsque Chan-King m'a montré un portrait de lui-même, pris en groupe avec sa mère et son père alors qu'il avait huit ans, j'ai examiné très pensivement le visage d'une beauté austère de la femme qui lui avait donné vie. Elle s'assit d'un côté de la table en bois noir sculpté. Sa jupe étroite à panneaux était légèrement relevée pour montrer ses pieds incroyablement petits. De l'autre côté de la table était assis le père de Chan-King, un homme irréconciliablement sévère et à l'allure autocratique, magnifiquement vêtu à l'ancienne. A côté de lui se tenait un petit garçon solennel, coiffé d'une casquette ronde, la queue toujours attachée, me dit-il, avec un cordon rouge, les mains perdues dans les longues manches de velours qui lui arrivaient presque jusqu'aux genoux. J'ai posé mon doigt sur la tête de ce garçon. "J'espère que notre fils lui ressemblera exactement", dis-je.

Enfin le fils tant espéré naquit et fut déposé dans mes bras. Il était emmailloté, poudré et neuf et il pleurait pour des raisons obscures. Mais mon mari et moi avons souri joyeusement devant la délicieuse et incroyable ressemblance de ce petit visage avec le sien. Chan-King le regarda longuement, un sourire interrogateur et heureux aux coins des lèvres. Puis il m'a embrassé très doucement et m'a dit : « C'est un vrai bébé Liang, Margaret. Es-tu contente ? J'ai répondu que j'étais heureux, comme je l'avais été pour tout ce que l'amour m'avait apporté.

Nos projets ont progressé favorablement et, lorsque notre fils Wilfred avait cinq mois, Chan-King est retourné en Chine. Je lui ai dit au revoir de la manière qui, je le savais, lui plairait le plus : calmement et sans larmes. Mais au dernier moment, je me sentais incapable de le laisser partir. En silence, je m'accrochais à lui, le bébé à mon bras entre nous.

"Ça ne sera pas pour longtemps, ça", m'a-t-il assuré. "Nous serons tous ensemble à la maison très bientôt. Vous êtes courageuse, chère et vraie, Margaret. Vous ne serez jamais désolée. Soyez patiente."

Ses premières lettres parlaient de son nouveau travail dans l'un des plus anciens collèges qui font la renommée de Shanghai. Il a également commencé à exercer le droit à titre officiel. Son premier pas vers le service diplomatique avait été fait.

Au bout de quatre mois, je reçus sa convocation et me mis en route pour préparer le voyage en Chine avec mon jeune fils. Le travail de ma vie consistait à aider mon mari à fonder un foyer. L'œuvre de sa vie s'est déroulée en Chine. La conclusion était si évidente que ni moi ni mes parents ne l'avions jamais remise en question. Mais maintenant que le moment était venu, les amis de la famille étaient très excités. Ils posèrent des questions étranges. Tu y vas vraiment ? Comment peux-tu quitter ta mère ? Comment pouvez-vous abandonner la belle Amérique ? N'as-tu pas peur d'aller en Chine ? J'ai répondu aussi patiemment et raisonnablement que possible. Ils m'ont beaucoup fatigué.

De la Chine elle-même, je n'avais aucune idée claire, malgré les lettres de Chan-King, car, même si mes vieux préjugés étaient passés, je ne voyais toujours tout le pays que comme un fond pour le visage de mon mari.

J'ai suivi les instructions minutieuses de Chan-King concernant les arrangements de voyage, et Wilfred et moi avons fait un agréable voyage. Tôt un matin, je regardai par le hublot et vis autour de moi les eaux troubles du Yangtze, peuplées de bateaux indigènes, tandis que, dans la brume, se profilaient les fortifications de Woosung. L'annexe attendait déjà, et bientôt nous étions à bord, remontant rapidement l'embouchure de la rivière. La brume se dissipa, des rives vertes s'élevaient de chaque côté et, à travers les arbres lointains, brillaient des bâtiments en briques rouges comme n'importe quelle maison, côte à côte avec les murs de plâtre blanc et les toits inclinés de la Chine. Au cours de ce long voyage, Shanghai s'est progressivement développée en moi, un curieux mélange de connu et d'inconnu, me titillant avec le sentiment que j'avais déjà vu tout cela et que je devrais mieux m'en souvenir. Dans l'eau autour de moi, un bateau à vapeur, une vedette et un cuirassé se mêlaient à des jonques indigènes, des barges fluviales et des péniches. Soudain, dans le groupe d'attente sur le quai des douanes, j'ai vu mon mari. Un instant plus tard, nous avions accosté le quai et il était dans l'annexe à côté de moi, me saluant de la manière formelle et courtoise qu'il jugeait adaptée aux occasions publiques. Prenant Wilfred dans ses bras, il me conduisit sur les marches et jusqu'à une voiture qui m'attendait.

Ici encore, c'était le mélange confus de l'étrange et du familier : des tramways tintants, des automobiles klaxonnantes, des pousse-pousse au roulement doux, des brouettes grinçantes et des camions lourds tirés par des hommes ; des visages de coolie sombres sous de larges chapeaux de paille, des traits doucement élevés sous des casques coloniaux, des visages noirs et barbus sous d'énormes turbans gais ; un fouillis ahurissant de discours extraterrestres et anglais.

Même à Chan-King, je l'ai trouvé. Il portait un costume américain, son visage n'avait pas changé, le ton de sa voix était le même, mais il parlait chinois et ses instructions au *mafoo* étaient pour moi une succession de sons insignifiants.

Mais, lorsqu'il fut à côté de moi dans la voiture et que les chevaux furent partis, il se retourna brusquement et me sourit droit dans les yeux. Alors, Shanghai, Bornéo ou le pôle Nord, tout cela n'aurait été qu'un pour moi. Je n'ai posé aucune question ; J'étais avec mon mari et mon enfant, conduisant rapidement vers la maison préparée pour moi. J'étais rentré en Chine.

Mes premières impressions de Shanghai sont floues. Mon mari et moi avons roulé rapidement le long du Bund, sur Garden Bridge, qui aurait pu être n'importe quel pont en Amérique, devant l'Astor House, qui ressemblait beaucoup à n'importe quel hôtel américain, puis le long du Soochow Creek, qui ne pouvait être qu'en Chine.

Sur la route du nord du Sichuan, nous nous arrêtâmes devant un *li* , ou terrasse, de maisons nouvellement construites dans le style dit semi-étranger. Ce *li* , qui se trouvait dans la colonie internationale, était très clair et propre. Elle donnait sur la rue principale. Les lourds murs de briques rouge vif étaient interrompus par intervalles par des portes noires portant des plaques de laiton. À l'une d'elles, mon mari s'est arrêté et a appuyé sur un bouton-poussoir d'aspect très américain. Une cloche sonna à l'intérieur et la porte fut ouverte par un "garçon" souriant vêtu d'une longue robe de coton bleue. Nous avons traversé une petite cour lumineuse avec des fleurs et des vignes et, arrivant à l'entrée principale, nous sommes entrés directement dans une grande pièce carrée. C'était cool, impeccable et reposant. Les sols recouverts de nattes, les tables, les chaises et le canapé savamment disposés, les tentures droites vertes et blanches, filetées d'or, étaient exactement ce que j'aurais souhaité choisir moi-même. J'ai été agréablement surpris par le lustre à gaz avec ses nuances de vert, d'or et de blanc. Un radiateur à gaz vert foncé le long d'un mur suggérait qu'il ne faisait pas toujours aussi chaud à Shanghai qu'à l'époque. C'était une petite maison très modeste, digne d'un homme ayant sa propre façon de construire, m'expliqua Chan-King, alors qu'il me conduisait à travers les pièces pour une enquête rapide. Ensuite, Wilfred a été confié à son *amah* , une jeune femme aux joues fraîches, vêtue d'un « manteau » bleu raide et amidonné, d'un pantalon et d'un tablier blancs, pendant que nous nous préparions pour des fiançailles tiffin avec des amis chinois de Chan-King.

Après un court trajet en pousse-pousse – nouveau et délicieux pour moi – nous avons quitté la route principale pour rejoindre une autre série de terrasses et sommes entrés dans une véritable maison chinoise. L'hôte et l'hôtesse, qui avaient tous deux séjourné en Amérique et parlaient un anglais excellent, ont été très cordiaux dans leur accueil. Je me sentais plus chez moi que je ne l'aurais cru possible. Tiffin était servi à la chinoise, les convives étaient assis à une grande table ronde, avec les plats de viande, de poisson et de légumes placés au centre, afin que chacun puisse se servir à sa guise. Des bols individuels de riz, des petites assiettes, des baguettes et des cuillères se trouvaient dans chaque assiette. À intervalles réguliers, se trouvaient de petits plats peu profonds contenant du soja, de la moutarde ou du ketchup, ainsi que des graines de melon et des amandes grillées. Lorsque mon hôtesse, qui avait soigneusement complété son délicieux menu chinois avec du pain, du beurre et de la glace veloutée, m'a soigneusement sorti un couteau et une fourchette en argent, mon mari m'a expliqué que j'étais plutôt habile dans l'utilisation des baguettes. Bien qu'il m'ait appris, au début de notre mariage, à utiliser une fine paire d'ivoire qu'il possédait, j'étais maintenant très nerveux, mais je me sentais obligé de prouver son affirmation ravie. C'est donc là que mon conformisme social d'épouse chinoise a commencé, devant un public amical et amusé, qui m'a assuré que j'avais très bien réussi.

Sur le chemin du retour, Chan-King a dit : « Est-ce que cela sera difficile pour vous, Margaret ?

"Baguettes?" Ai-je demandé gaiement, sachant qu'il ne parlait pas de baguettes. "Non, je les aime!"

« Je veux dire tout, dit-il très gravement, la Chine : les coutumes, les gens, le mal du pays, tout. »

"Tu verras si tu n'as pas épousé un vrai Oriental", lui répondis-je. "Quant au mal du pays, eh bien, Chan-King, je suis à la maison."

Au début, la chose la plus importante, matériellement parlant, était que Chan-King devait se frayer un chemin sans aide d'aucune sorte. Et pour les Chinois de la classe supérieure, c'est très difficile. Il enseignait l'anglais avancé dans l'un des plus grands collèges de Shanghai, exerçait une pratique juridique et donnait des conférences sur le droit international. Il était heureux d'être de nouveau à la maison, rempli d'enthousiasme pour son travail, plein d'espoir comme le sont toujours les jeunes étudiants qui reviennent au début et, par pure incapacité à limiter ses efforts, travaillant au-dessus de ses forces.

Notre bonheur d'être à nouveau ensemble rendait tout possible. Depuis ses débuts fragmentaires en Amérique, nous avons repris entre nos mains la vie que nous espérions rendre si pleine et si riche. Mon rôle, je l'ai reconnu, était d'être une épouse véritablement démodée – le rôle pour lequel j'étais le mieux placé et le plus utile à Chan-King. Et j'ai commencé par gérer ma maison chinoise avec une attention minutieuse à assurer son confort par les petites choses qu'il aimait et ne manquait jamais d'apprécier.

Notre maison à deux étages se composait de deux grandes pièces au rez-de-chaussée, d'appartements pour dormir et d'un petit jardin sur le toit à l'étage. Dans ce jardin sur le toit, je passais la plupart de mon temps, et Wilfred et son *amah* y passaient de nombreux après-midi. C'était un endroit agréable et ensoleillé, meublé de fauteuils à vapeur peints, de tapis et de plantes en fleurs dans des pots en poterie. A l'arrière, assez éloignés de la partie principale de la maison, se trouvaient la cuisine, les logements des domestiques et une buanderie en plein air. Nous étions vraiment très pratiques, modernes et confortables. Notre cuisine offrait un admirable compromis entre les anciennes et les nouvelles méthodes. Il y avait une cuisinière à gaz anglaise et une chinoise. Mais la véritable atmosphère chinoise était préservée par trois serviteurs bien entraînés qui se faisaient appeler Ah Ching, Ah Ling et Ah Poh. La plupart des serviteurs de Shanghai sont appelés simplement « Boy », « Amah » ou « Coolie », mais les nôtres ont choisi ces noms, aussi distinctifs pour les serviteurs là-bas que « James » et « Bridget » le sont avec nous. Ah Ching faisait la plupart des travaux ménagers et des courses ; Ah Ling s'est chargé du marketing et de la cuisine, nous proposant une succession agréablement variée de plats chinois et étrangers ; Ah Poh, l' *amah* , s'occupait de Wilfred et s'occupait de mes besoins personnels.

Dès le début, j'ai adoré Ah Poh, avec ses traits fins et intelligents, sa voix douce et ses manières douces et sans hâte. Elle avait servi une maîtresse américaine avant de venir me voir, mais montrait une volonté surprenante d'adopter ma façon particulière de faire les choses, que ce soit pour faire les lits, pour garder mes vêtements en ordre ou pour recevoir Wilfred. En revanche, Ah Ching, âgé, grave et plein de responsabilités, était très friand de sa manière habituelle de disposer les meubles et de laver les fenêtres et les sols. S'il était laissé à lui-même, il dépoussiérerait fidèlement les coins et les recoins, mais si je faisais une inspection formelle de ses travaux, il les mépriserait invariablement, pour laisser entendre que je ne devais pas me méfier, comme l'expliquait un ami - une forme de logique que je trouvé très amusant. Ah Ling, outre ses talents culinaires, était surtout intéressant parce que ses yeux étaient vraiment obliques – comme les yeux chinois sont censés l'être, et ne le sont généralement pas – et parce que ses cheveux étaient vraiment bouclés – comme les cheveux chinois sont censés ne jamais le faire, et c'est le cas. occasionnellement.

Pour un jeune couple enclin à l'économie, nous avons peut-être semblé très extravagants. Dans des circonstances similaires en Amérique, j'aurais probablement trouvé extravagant d'avoir ne serait-ce qu'un seul domestique. Mais ce ménage était très petit pour la Chine et, avec nos modestes revenus, nous l'entretenions avec une marge satisfaisante.

Chan-King a été utile et a fait preuve de beaucoup de tact et de compréhension pour lancer notre établissement. Je n'avouerais pas ma totale perplexité à essayer de gérer des domestiques qui ne comprenaient pas la moitié de ce que je leur disais. Je pense qu'il s'est rendu compte que je tenais parfois assez fort durant ces premiers mois, et il ne m'a jamais fait défaut. À mon tour, je l'aidais à réviser ses papiers le soir et je l'aidais à rédiger ses lettres, et il m'appelait sa secrétaire. Nous avons découvert lors de cette première année en Chine que nous avions noué un véritable partenariat.

Notre vie sociale était très agréable. Nous nous sommes beaucoup amusés, de manière simple. Nous appartenions à un ou deux clubs et restions en contact étroit avec le travail des étudiants revenus, qui sont devenus un facteur important dans la vie nationale. Tout en souhaitant conserver ce qu'il y a de meilleur dans la civilisation chinoise, ils appliquent les idées occidentales à la solution des problèmes politiques, sociologiques et économiques. Beaucoup de ces étudiants, ainsi que d'autres personnes intéressantes, chinoises et étrangères, se sont réunis chez nous pour des dîners et des thés.

Il y avait un vétéran des douanes, un monsieur corpulent avec une moustache blanche et hérissée, qui avait été l'un des premiers étudiants du gouvernement envoyés en Amérique cinquante ans auparavant. Il raconta des histoires intéressantes sur les épreuves et les joies de ces premiers jours et déplora avec humour le fait qu'il n'était pas possible d'obtenir de vraie tarte aux pommes en Chine. Il y avait un éminent rédacteur en chef de publications anglaises, une silhouette grande et épurée, dont le calme même suggérait des réserves de puissance mentale. Il était souvent accompagné d'un homme petit et énergique, en pleine maturité, un éducateur clairvoyant et un orateur convaincant. Je me souviens d'une discussion animée ouverte par ces deux-là sur la nécessité d'un magazine chinois consacré aux intérêts de la femme moderne de Chine – un rêve précoce, qui est maintenant en train de se réaliser. Il y avait un parlementaire à la retraite, doté d'un zèle sans faille pour le débat politique, qui est depuis revenu au service de son gouvernement. Aussi un jeune homme souriant, qui allait partout persuader la vieille Chine de son besoin de progrès, mais qui pouvait parfois mettre de côté sa dignité pour s'adonner à un talent de détournement de morceaux de comédie. Il y avait le fils sino-américain d'un ancien diplomate qui, né en Amérique et venu en Chine à l'âge adulte, semblait définitivement reconnaître sa parenté avec la terre de son père, un fait que Chan-King et moi trouvions intéressant pour lui. son influence possible sur l'avenir de nos propres fils. Naturellement, la plupart de nos amis étaient des gens modernes, plus jeunes, qui relâchaient les anciens liens formels dans leur vie quotidienne. Mais beaucoup de personnes plus âgées et plus conservatrices venaient également à nos soirées, où mon mari et moi recevions côte à côte.

En apprenant à connaître les Chinois, j'ai été ravi de leur habileté sociale. Ils considèrent la grâce des manières et la courtoisie comme les fondements de toute vie sociale. J'ai été agréablement impressionné par la mesure de déférence qu'ils ont montrée envers leurs épouses, leurs filles, leurs sœurs et leurs amis – si différente du mépris que l'imagination occidentale suppose être leur part invariable. Parfois, j'ai remarqué qu'un mari traduisait soigneusement pour que sa femme puisse profiter pleinement de la conversation. Cependant, beaucoup de femmes parlaient parfaitement anglais. Toutes nos réceptions et nos dîners étaient délicieusement libres et pleins de bonnes paroles. Les Chinois ont si joliment le don de dire avec légèreté les choses profondes ; ils peuvent réfléchir profondément sans être lourds et pédants.

Je me souviens du premier dîner auquel j'ai assisté à Shanghai. C'était plutôt une grande fête, avec de nombreux invités, tous chinois sauf moi : « Et je suis presque chinois », dis-je à mon mari. Les hommes et les femmes étaient tous assis autour d'une grande table, dans une excellente humeur les uns avec les autres, et la conversation était très gaie.

Une petite Chinoise que je connaissais assez bien me dit plus tard : « Et réfléchis bien, l'année dernière encore, dans cette maison, nous aurions dû être à des tables séparées ! Quand je lui ai demandé de s'expliquer, elle a répondu qu'autrefois, les hommes n'amenaient pas du tout leurs invités chez eux. Ensuite, ils les amenèrent, mais les divertirent du côté des hommes de la maison. Plus tard, on a admis les femmes à dîner dans la même salle, mais à des tables séparées, et maintenant nous voilà en train de discuter et de dîner ensemble, tout à fait à la mode occidentale. "J'aime beaucoup mieux ça", décida la petite dame.

J'étais heureux de voir qu'ils portaient tous des vêtements chinois, car ils sont d'une beauté impressionnante. Ce soir-là, je portais ma première veste et ma première jupe tressée, une combinaison de satin vert pâle et noir, et de temps en temps je voyais les yeux de Chan-King se tourner vers moi avec le regard que j'aimais le plus y voir : une affection claire et chaleureuse qui brillait. en eux, une certaine lueur constante d'expression qui contenait de l'amour, de l'amitié et de la compréhension. Je pense que le fait de me voir dans les vêtements de son pays a confirmé dans son esprit ma déclaration selon laquelle j'aimais la Chine et que je voulais être une véritable épouse chinoise.

Par la suite, même si pour certaines occasions la mode américaine semblait plus appropriée, je portai beaucoup de vêtements chinois. Je me souviens d'un jour où le Dr Wu Ting-fang est venu dîner et, en s'inclinant devant moi, il a évidemment pris note de mes vêtements.

Il m'a regardé attentivement pendant un moment, comme s'il voulait poser une question sérieuse. Puis il dit brusquement : "Tu es heureuse dans cette robe ?"

"En effet, je le suis", répondis-je.

"Tu l'aimes mieux que les vêtements américains ?" il a persisté.

J'ai hoché la tête fermement, souriant et attirant le regard de mon mari.

"Alors portez-le toujours", dit le docteur en levant pontificalement les doigts.

Curieusement, mon mari ne se souciait pas de la mode féminine indigène des pantalons et ne me permettait jamais de les porter. Je les trouvais très gracieuses et confortables, mais j'adoptai volontiers les jupes austères et simples avec des tresses sur les côtés.

J'avais mis la Chine, pour la porter toujours, dans mon cœur et dans mon esprit, et je ne pensais qu'à mon mari, à son travail et à son peuple. Au début, j'aurais dû me contenter parfaitement de rester cloîtré, de ne rencontrer que quelques amies, de n'aller nulle part. La vie coulait si uniformément que j'étais heureux de dériver avec elle, rempli de rêves. Les bruits d'un Shanghai pressé et à moitié modernisé ne me parvenaient que vaguement, au plus profond de ma maison fraîche et calme où les sols étaient recouverts de nattes blanches et les murs étaient tendus de panneaux symboliques. Le claquement des pieds des poneys sur le trottoir, le bruit sourd des talons des coolies de pousse-pousse alors qu'ils tiraient leurs véhicules silencieux sur pneus en caoutchouc, le cri strident des klaxons des moteurs, les longs cris étranges des vendeurs ambulants, tout cela arrivait. pour moi, étouffé comme à travers de nombreux rideaux qui m'abritaient du monde. Mais mon mari insistait pour que je l'accompagne partout où il pensait que nous devrions aller, que je l'aidais à se divertir, que je rencontrais et me mêleais à de nombreuses personnes, étrangères et chinoises.

Il était toujours prêt à me conseiller sur les questions sociales, entreprise plus difficile qu'on pourrait le croire. J'ai déjà parlé des nombreuses gradations dans la rencontre de l'Orient et de l'Occident. Ces éléments à eux seuls sont suffisamment déroutants, et il existe d'autres complexités dues au fait que dans les deux civilisations, les subtilités de l'étiquette sont souvent entièrement divergentes. Un seul exemple suffira : la coutume de servir à un invité, aussitôt assis, une certaine forme de rafraîchissement. Dans la maison chinoise très conservatrice, si le visiteur touche ne serait-ce que la tasse de thé posée à côté de lui sur une petite table, il se rend coupable d'un grave manquement aux bonnes manières. Dans la maison ultramoderne, il doit boire la boisson glacée d'été ou la boisson chaude d'hiver, pour ne pas offenser. Ensuite, il y a les établissements diversement modifiés, où il tente un degré exact de compromis, soit en reconnaissant l'offrande simplement par un salut gracieux, soit en allant plus loin en la portant à ses lèvres pour une gorgée délicate, soit en étant encore plus libéral et consommant. la moitié du montant proposé. Que de telles situations soient souvent déconcertantes, même pour la Jeune Chine, je l'ai entendu avouer en riant lors de nombreuses discussions animées. Mais même si des erreurs occasionnelles sont inévitables, la bonne volonté sincère est véritablement valorisée et rarement mal comprise. La capacité de Chan-King à considérer tous les points de vue à la fois m'a été très utile.

Mais il a oublié de me prévenir qu'à Shanghai, les appels sociaux sont autorisés à toute heure de la journée, de neuf heures du matin à dix heures du soir. J'ai donc mis trois jours à apprendre, pendant une courte absence de sa part, que les appels tôt le matin et tard le soir étaient une institution et non un événement accidentel, comme je l'avais d'abord supposé. Finalement, Ah Ching m'a donné un indice. J'étais en *négligé*, me préparant pour une matinée de jeu paresseux avec Wilfred et espérant qu'il n'y aurait pas d'interruptions, quand Ah Ching est apparu et a annoncé les appelants. Mon visage a dû exprimer une surprise et une nuance d'agacement, comme il l'avait été trois jours auparavant lors de ces convocations, car Ah Ching a hésité un instant puis a garanti ce qu'il considérait clairement comme une information précieuse. "A Shanghai", a déclaré Ah Ching, "il va tout le temps voir, il vient toujours pour voir." Il fit une pause. " *Tout* le temps!" » ajouta-t-il fermement et partit. J'ai trouvé cela littéralement vrai et j'ai donc formé mes habitudes vestimentaires en partant du principe que les appelants exigeant la plus grande formalité de comportement et d'apparence pouvaient être annoncés à tout moment.

Inutile de dire que le « il » d'Ah Ching était un anglais pidgin pour « elle », car mes visiteurs personnels étaient tous des femmes. Ils étaient de nombreuses nationalités – chinoises bien sûr, mais aussi américaines, canadiennes, anglaises, écossaises et françaises. Avec les Chinoises surtout, je me trouvais en parfaite harmonie. Nulle part, je crois, la sincérité et la bonne volonté ne rencontrent une réponse plus chaleureuse. Ils m'ont accueilli avec une cordialité bien réelle et m'ont apporté une aide précieuse dans mon initiation à la nouvelle vie. Ils m'ont emmené téléphoner, faire du shopping et faire du marketing jusqu'à ce que Shanghai cesse d'être un labyrinthe ahurissant d'artères bondées ; ils m'ont aidé à comprendre les complexités de la monnaie chinoise ; ils expliquèrent les points complexes de la mode vestimentaire et recommandèrent des tailleurs habiles.

Dès le début, nous avons été profondément intéressés par la rencontre et le mélange de l'Orient et de l'Occident qui se produisaient partout autour de nous, dans tous les domaines d'activité. Nous avons trouvé une occasion unique de donner de nouvelles impressions lors des deuxièmes Jeux olympiques d'Extrême-Orient organisés à Shanghai ce printemps. En présence de plusieurs milliers de spectateurs, la Chine, les Philippines et le Japon se sont battus pour la suprématie sportive. L'affaire était entièrement gérée par des Chinois, et pendant la plupart des compétitions, mon mari était occupé sur le terrain à titre officiel. J'étais assis dans la tribune avec des amies chinoises, dont certaines étaient de retour des étudiantes, et les acclamations enthousiastes, l'enthousiasme sans réserve nous ont rappelé de vifs souvenirs de nos années d'université en Amérique. Les soirées ont été remplies de réceptions et de garden-parties en l'honneur des visiteurs. Bien entendu, notre plaisir dans toute cette affaire a été infiniment accru par le triomphe bien mérité de la Chine.

Au fil des mois, l'enthousiasme généreux de Chan-King, sa volonté intrépide de mener à bien un grand travail dans l'éducation de la Jeune Chine, s'affaiblissaient dans une certaine mesure par une terrible désillusion.

C'est le problème que tous les étudiants qui reviennent doivent tôt ou tard affronter et vaincre. Ils reviennent chez eux pleins d'espoir et remplis d'aspirations à l'amélioration de leur pays. Et peu à peu, ils sont obligés de reconnaître un fait énorme : la Chine est restée son vieil homme glorieux et sombre pendant trop de siècles, ses pieds sont trop profondément enfoncés dans la terre de ses anciennes traditions pour être déracinés par une génération de jeunesse, ou deux ou trois ou cent.

Chan-King était irrité, inquiet et travaillait trop dur. Curieusement, il a eu le mal du pays pour l'Amérique, mais pas moi.

"L'Amérique avance comme un jeune garçon et la Chine rampe comme une vieille femme !" » dit-il amèrement un jour après avoir assisté à une réunion du conseil d'administration du collège, où ses idées modernes sur l'éducation avaient subi une défaite face au corps réactionnaire.

"Mais la Chine est une vieille femme sage et sage !" J'ai répondu doucement.

Et très souvent, pendant cette période, je défendais les traditions de l'Orient tandis que Chan-King défendait les voies du monde occidental.

Mon mari a subi des déceptions, des irritations et des épreuves qui auraient été insupportables dans une nature moins sûre. En fait, il souffrait tellement dans les grandes choses qu'il avait peu de patience pour les petites, et je le trouvais souvent d'humeur soudaine, avec une vive aspérité de ton et une finalité de jugement qui me montraient clairement à quel point il était tendu. était en dessous.

Mais chez nous, il y a toujours eu de l'amour. Et Chan-King prenait grand soin de me faire comprendre, même au milieu de petites déceptions et de petites contrariétés, que ces choses étaient des désagréments humains universels qui n'avaient rien à voir avec des regrets ou un sentiment d'aliénation. J'ai fondu en larmes un jour lorsqu'une petite scène aiguë s'est produite pour rien du tout. "Oh, Margaret, ma chérie !" dit-il en me prenant dans ses bras, ces humeurs ne veulent rien dire entre nous, quand nous nous aimons tant ! Ne les prenez pas au sérieux ! Qu'est-ce qui pourrait détruire notre bonheur maintenant ? En dépit de la différence mondiale de notre race et de notre éducation, les difficultés d'adaptation tempéramentales que nous avons dû rencontrer étaient simplement celles que doivent affronter n'importe quel mari et femme dans n'importe quel pays.

Pourtant, la fascination personnelle de Chan-King pour moi, son attrait constant pour mon imagination, étaient définitivement fondés sur sa qualité orientale. J'ai trouvé au fil des années, à chaque phase de notre relation, un frémissement constant, irrésistible, toujours récurrent, à l'idée que nous n'étions pas de la même race ou de la même civilisation.

Une fois, alors que je lui ai avoué ce fait, il m'a dit : « M'aimes-tu seulement parce que je suis chinois ?

"Non, je pense que j'aurais dû t'aimer, quelle que soit ta race. Mais comment puis-je le savoir ?"

"J'aime sentir que tu aimes le *moi essentiel* ."

"Oui, mais l'essentiel est le *chinois* ."

Il réfléchit un moment. "Chinois, oui, mais membre très respectable de l'Église réformée néerlandaise d'Amérique !"

"Je ne laisserai pas cela te blesser à mes yeux !" lui ai-je assuré en riant. J'étais de confession anglicane et nous faisions souvent référence à l'étrange mélange de nationalités dans nos croyances.

Mon mari, malgré sa foi ferme, n'était pas d'un esprit profondément religieux, et des deux j'étais beaucoup plus mystique dans mes croyances. L'amour, divin et humain, était devenu tout pour moi, au sens littéral et spirituel. Je croyais, obscurément au début, mais avec une certitude et une foi croissantes à mesure que le temps passait, que l'amour humain aussi n'était pas seulement du temps, mais aussi de l'éternité. Et, quand j'ai découvert que Chan-King ne partageait pas cette croyance, je me suis senti, pour la seule fois de tout mon mariage, étranger à lui, exclu par un voile impalpable de sa vie intérieure la plus profonde, que je souhaitais passionnément partager. tout. La découverte allait de pair avec notre première ombre, seulement l'ombre d'une ombre, pourrais-je dire, si vague, au début, que nous ne pouvions éprouver qu'un malaise.

Chan-King tomba malade, mais pas gravement, et il se rétablit rapidement. Mais sur la courbe ascendante du retour à la santé, il n'a jamais vraiment retrouvé l'ancien niveau de bien-être physique. Des signes – oh, les plus petits signes – nous avertissaient d'un effondrement grave et lent de son système sous l'effet de la phtisie. Nous ne pouvions pas vraiment y croire.

Son médecin lui a conseillé d'alléger autant que possible la tension du travail. Nous causions ensemble au petit matin de nombreuses nuits, Chan-King insistant toujours sur le fait que sa dépression était le résultat d'une fatigue passagère, qui disparaîtrait certainement avec quelques semaines de repos au grand air des collines.

C'est à cette époque que je lui ai parlé de la pérennité de l'amour et de ma foi en une vie plus lointaine. "Où la mort pourrait-elle nous mener sans que l'autre ne puisse le suivre ?" Lui ai-je demandé, dans un étrange triomphe.

Ses yeux ont retenu les miens pendant une longue minute. Son visage était très triste. "Je n'en suis pas sûr. Je n'ai aucune idée de ce que nous serons l'un pour l'autre dans une autre vie. Je suis seulement sûr que nous sommes tout l'un pour l'autre maintenant."

Un sentiment de peur inexprimable s'est emparé de moi. Chan-King semblait à la fois terriblement étranger et éloigné ; Je ne pouvais pas parler, car j'avais le sentiment d'appeler dans une langue étrangère à travers un grand gouffre. Je ne dis rien de peur de l'affliger, mais il dut sentir mon inquiétude, car il me prit les mains, les porta à son visage et laissa ses yeux briller sur moi. "Ne ressemble pas à ça", dit-il. "Nous avons encore beaucoup de temps pour penser à l'éternité." Mais depuis le jour de cette maladie, l'ombre ne s'est jamais éloignée de moi.

Nous sommes désormais attirés par le charme résidentiel de la Concession française, avec ses larges avenues bordées d'arbres et ses espaces frais et balayés par le vent. Nous avons donc pris une nouvelle maison en terrasse donnant sur l'avenue Joffre. Nous aimions nos grandes pièces, chacune avec sa cheminée carrelée, ses sols cirés recouverts de tapis Tientsin, ses lumières électriques. Il y avait une pelouse avec des orchidées chinoises et une bordure de palmiers et de magnolias, et juste à côté de nous se trouvait un jardin public où, pour le plus grand plaisir de Wilfred, des dizaines d'enfants jouaient chaque jour sous la garde de leurs *amahs respectives*. Notre effectif de serviteurs était désormais porté à cinq grâce à l'ajout d'un coolie de pousse-pousse et d'un deuxième *amah*.

Chan-King reçut peu après une lettre de son père, première communication qu'il recevait de sa famille depuis notre mariage. Il contenait une invitation à rentrer chez lui pour une visite, car sa mère désirait très profondément le revoir.

"Je ne peux interpréter cela que d'une seule façon, Margaret," dit-il d'un ton perplexe. "C'est une offre de réconciliation. Cela veut dire qu'ils ne savent pas que tu es avec moi."

"Va voir par toi-même ce que c'est", lui dis-je. Car j'aurais consenti, pour lui, à une réconciliation à presque toutes les conditions. J'avais suffisamment vu la vie de famille chinoise pour comprendre les puissants liens d'affection et d'intérêt qui unissent le clan, et je ressentais dans mon propre cœur la cruauté de briser ceux qui unissaient une mère à son fils et un frère à frère.

"Je veux leur parler de toi", répondit Chan-King. "C'est mon opportunité."

Avant d'accepter leur invitation, Chan-King leur écrivit et leur dit que sa femme était avec lui. Et leurs réponses lui donnèrent raison dans sa première hypothèse. Sa famille savait qu'il était retourné en Chine et, n'ayant plus aucune nouvelle de son mariage, avait supposé que tout était terminé. Ce n'était pas vraiment une conclusion surprenante pour eux. Plus d'une étrangère a refusé de raccompagner son mari chinois chez lui. J'ai moi-même rencontré occasionnellement un demi-ménage dans lequel un Chinois était retenu en Chine par ses affaires commerciales pendant que sa femme l'attendait à l'autre bout du monde. Parfois aussi, elle n'attendait pas et le mariage se terminait de la manière conventionnelle, c'est-à-dire devant le tribunal du divorce. Les gens de Chan-King s'imaginaient que quelque chose de semblable lui était arrivé et étaient tout à fait prêts à effacer les vieux scores et à rétablir les liens de parenté.

Après avoir rédigé la première lettre de réconciliation, ils maintinrent leur attitude de manière racée, modifiant seulement un peu leur accueil en lui demandant de leur rendre visite seul. Avec beaucoup de tact et de douceur, ils l'exprimèrent ainsi : son père vieillissait et tout changement soudain le dérangeait ; le ménage s'était récemment enrichi de mariages et de naissances, et il trouverait tout beaucoup plus confortable s'il venait seul.

Il y partit, fermement résolu à faire changer d'avis sa famille à mon égard. Et moi aussi, j'avais hâte qu'ils sachent qu'un mariage à l'étranger n'avait pas nui à Chan-King. Pendant les six semaines de son absence, ses lettres étaient joyeusement sans engagement, même s'il parlait de son bonheur d'être de nouveau dans la maison de sa mère. J'ai beaucoup pensé à cette maison, à la vie complexe de ses habitants et à leurs nombreux degrés de parenté et d'autorité. Chan-King m'en avait suffisamment dit pour m'en donner une idée assez précise. J'ai toujours admiré leur capacité à entretenir des relations difficiles sous le même toit, dans la plus grande bonne humeur et la plus grande courtoisie mutuelle.

Pourtant, j'étais suffisamment occidental pour penser que Chan-King et moi nous connaissions mieux et avions été plus libres de nous connaître à fond, seuls dans notre propre maison, qui devenait une mode assez chinoise. J'attendais mon deuxième enfant et j'attendais avec beaucoup d'espoir cette nouvelle vie, car j'avais toujours été profondément maternelle et je voulais avoir plusieurs enfants. Mais pour Chan-King et moi, notre amour l'un pour l'autre était la chose la plus importante dans la vie – la raison de tout le reste de notre existence. Nous avons accepté le fait de la naissance aussi naturellement que le changement des saisons. Les enfants étaient essentiels à notre bonheur, mais pas l'essentiel dominant. Nous avons commandé notre maison pour nous-mêmes, comme deux amants qui avaient choisi de vivre ensemble.

Chan-King a exprimé ainsi notre point de vue : « L'idée chinoise est que la famille est la fin, les enfants le moyen de la nourrir. En Occident, les enfants sont la fin et le foyer simplement le moyen de les nourrir. Vous et moi l'avons parfaitement ajusté, je pense : la maison est pour nous tous, et nous y avons tous une place appropriée.

Chan-King revint tôt un matin et je sus, dès le premier aperçu de son visage, que sa visite avait été fructueuse. Je me suis précipité vers ses bras et, tandis qu'il m'embrassait, j'ai vu que ses yeux étaient sereins et satisfaits.

« Comment va votre auguste mère, monseigneur ? Lui ai-je demandé avec un arc.

"Ma mère est en bonne santé et souhaite rencontrer sa belle-fille", répondit-il et, malgré le ton plaisantin, je savais qu'il était sérieux.

Je voulais savoir comment ce changement de sentiment s'était produit.

"Quand je leur ai parlé de toi", dit Chan-King, "ma mère était visiblement étonnée. 'Je n'ai pas compris !' répétait-elle. « Je n'ai pas compris ! Et avant que je parte, elle m'a dit : « Si elle est tout ce que tu me dis, pourquoi ne l'amènes-tu pas ici ? Je n'ai pas mentionné le fait que c'était notre première invitation, Margaret. Veux-tu y aller, ma chérie ? »

J'ai hésité un moment. "Oui, mais pas encore", répondis-je.

"Nous n'y irons pas avant un moment", m'a assuré Chan-King.

Nous avons beaucoup parlé de la visite de mon mari et j'ai acquis un nouvel éclairage sur les faits réels de son éloignement de sa famille et sur l'énorme importance que son mariage revêtait dans l'esprit de ses parents chinois.

Je ne peux guère exagérer l'importance de la position occupée par le fils aîné dans la famille chinoise de la classe supérieure. Après son père, il est le chef de famille masculin. Sa femme est l'ombre, la compagne indéfectible de sa mère. Notre expression « Un homme se marie » est exprimée en chinois par « Il amène une nouvelle femme ». Sous l'ancien régime, il le faisait littéralement, car il emmenait invariablement son épouse dans sa maison ancestrale. La phrase pour le mariage d'une fille est : « Elle sort de la famille ». "Une nouvelle femme" est le terme utilisé pour désigner une épouse. L'éducation occidentale de nombreux jeunes hommes de la classe supérieure chinoise a entraîné un réajustement profond des foyers ancestraux. Souvent, ces fils aînés reviennent, se marient selon l'ancienne coutume et vivent dans la maison de leurs parents. Mais souvent aussi, ils épousent des femmes chinoises avancées, créent leurs propres établissements et professions, loin de leurs villes natales, et vivent selon des modes de vie semi-étrangers.

À cet égard, notre cas était quelque peu typique. Comme je l'ai déjà raconté, la mère de Chan-King attendait depuis des années le mariage de son fils aîné avec la petite Miss Li-Ying. Elle s'était attendue, à un âge mûr, à la libération habituelle de la femme chinoise des liens de la jeunesse. Ayant été une épouse et une belle-fille fidèle et obéissante, elle espérait à juste titre assumer l'autorité sur sa famille, en s'appuyant sur le bras de l'épouse de son fils. Cette jeune femme prendrait sa place dans la longue chaîne des filles dévouées ; elle aiderait à accueillir les invités ; elle entretiendrait les sanctuaires familiaux ; elle accomplirait toutes sortes de tâches ménagères sous la surveillance de sa belle-mère. À la mort de la mère de son mari, elle deviendrait la femme chef de famille, responsable de tout, ses privilèges et son autorité grandissant avec l'âge, surtout si elle était mère de fils. Sa grande mission serait de fournir des enfants au clan, afin que les sanctuaires ancestraux ne soient jamais sans fidèles. J'explique ces choses à ce stade afin de ne pas me tromper un instant lorsque je raconte l'incident qui suit. A cette époque, j'avais vécu assez longtemps en Chine pour être presque complètement orientalisé, du moins en ce qui concerne mes sympathies, et pourtant, lorsque Chan-King, après avoir parlé un moment des événements de sa visite chez lui, revint » à une pause complète et j'ai dit avec incertitude : « Il y a une chose que je souhaite vous dire, mais je ne suis pas sûr que vous comprendrez. » J'étais un peu inquiet.

Mais je répondis aussitôt : « Bien sûr que je comprendrai. La Chine a été gentille avec moi. Qu'ai-je à craindre ?

Chan-King poursuivit alors délibérément : « Ce n'est que lorsque j'ai revu ma mère que j'ai compris que je lui avais fait une chose vraiment cruelle, en la privant d'une belle-fille sur laquelle elle pouvait s'appuyer dans sa vieillesse. Oh, Margaret, le sort des femmes n'est pas facile, avec toutes les complexités des parents, des frères et des enfants ! Et j'aurais expié ma part dans tout cela si je l'avais pu – mais bien sûr, je ne pouvais rien faire, rien du tout. "

Et très calmement, il me raconta que, peu après son arrivée à la maison, sa mère lui avait sérieusement parlé de son besoin d'une belle-fille. Conformément aux anciennes coutumes, elle souhaitait qu'il prenne une seconde épouse chinoise, qui vivrait dans la maison familiale, et qui me servirait en quelque sorte de mandataire dans le rôle de belle-fille. La mère de Chan-King proposa d'organiser ce mariage pour lui et lui assura que l'épouse secondaire et ses enfants seraient bien soignés et traités avec gentillesse pendant ses longues absences.

J'écoutais avec incrédulité et la question que je ne pouvais pas poser était dans mes yeux. Je savais bien sûr que la coutume de prendre des épouses secondaires n'était pas inhabituelle dans les familles riches en Chine, même lorsque les deux épouses vivaient sous le même toit. Mais je n'y avais donné qu'une pensée très décontractée. Et pas une seule fois je n'avais pensé que ce problème toucherait ma vie. Arrivé brusquement à sa hauteur, j'ai subi un choc au fondement même de ma nature. Bien sûr, je n'arrivais pas à réfléchir dans l'instant qui suivit le récital de mon mari. J'ai seulement ressenti une grande vague de douleur rugissante monter autour de moi, un sentiment d'impuissance totale, tel que je n'en ai jamais connu auparavant ni depuis. Je m'étonne maintenant de mon empressement subjectif instantané à croire que mon mari s'est conformé à cette coutume de son pays ; qu'il s'était débarrassé de sa formation occidentale dès son premier contact renouvelé avec les habitudes traditionnelles de sa race.

"As-tu--?" J'ai finalement demandé et je me suis arrêté.

Il est venu vers moi instantanément, ses bras autour de moi. Lorsqu'il a vu la détresse sur mon visage, il a froncé les sourcils, avec une étrange torsion des sourcils pleine de remords.

"Je me demande si vous demandez", dit-il. "Comment pourrais-je revenir vers toi - et vers ta loyauté et ta confiance - avec l'ombre de cette tromperie entre nous ? J'ai fait savoir très clairement à ma mère que je n'aurais jamais d'autre femme que toi. C'est toi et moi ensemble, ma chère. un, et personne d'autre, aussi longtemps que nous vivrons tous les deux.

Et ses paroles avaient le son solennel d'un vœu renouvelé. Cette haute honnêteté de Chan-King à mon égard était un roc sur lequel j'ai fondé ma foi. Et son rejet définitif d'une forme acceptée par son peuple représentait un véritable sacrifice de sa part, en ce qui concerne son bien-être matériel. Aussi généreusement et sans hésitation qu'il avait fait la première, lors de notre mariage, il a déposé la deuxième offrande votive sur l'autel de notre amour. Il les avait, voyez-vous, selon le point de vue de son père et de sa mère, désespérément blessés dans son mariage. Surtout, il avait nié en lui-même le grand instinct racial des Chinois d'obéir à ses parents. S'il voulait leur plaire, c'était là sa dernière opportunité. Prendre une seconde épouse chinoise aurait été une expiation totale à leurs yeux. En même temps, cela aurait signifié sa restauration instantanée à la place qui lui revient parmi eux – d'abord dans leurs affections et leur héritage. L'aide familiale l'aurait immédiatement placé dans une situation pour laquelle, sans elle, il aurait probablement dû lutter pendant des années.

Et plus tard, j'ai compris avec quelle facilité il aurait pu obéir sans que j'aie jamais besoin de le savoir. En effet, j'aurais pu vivre dans la maison de sa mère avec une seconde épouse et ne jamais soupçonner qu'elle s'y trouvait dans cette position, tant le sens du clan est solidement soudé et impassible, la réserve et l'éloignement de la relation personnelle quand la paix et la dignité familiales sont réunies. sont à considérer.

J'avais connaissance de certaines de ces choses depuis le début de ma vie en Chine, d'autres que j'ai apprises ce jour-là en discutant avec Chan-King, et d'autres, comme je l'ai dit, que j'ai découvertes progressivement par la suite. Mais à partir de ce jour, certainement, notre relation a subtilement changé, s'est installée et s'est cristallisée. Nous sommes tous deux devenus à jamais certains que nous ne pouvions pas nous décevoir l'un l'autre dans la moindre petite chose. Dans mon cœur entra une chaleur de repos, comme une lampe allumée en permanence. Nous étions à nouveau assurés de notre amour sans aucun doute. Et pendant un certain temps nous éprouvâmes une renaissance du bonheur juvénile, une belle ferveur d'espoirs et d'ambitions renouvelés, comme si le printemps était revenu miraculeusement, alors que nous attendions octobre.

Les lettres de famille arrivaient désormais régulièrement à Chan-King, avec toujours un message aimable pour moi. Evidemment les relations devaient reprendre sur le plan de la bonne amitié, rien de plus. Mais c'était tellement plus que ce que nous avions osé espérer, que nous en étions parfaitement heureux.

Chan-King a dû mentionner sa santé qui se détériorait lentement, car sa mère lui a envoyé une lettre inquiète et lui a demandé de revenir à la maison pendant un moment. Chan-King décida que ses affaires ne justifieraient pas son absence et lui écrivit à cet effet.

Un matin, alors que j'étais assis sous la véranda, en train de coudre, Ah Ching est apparu soudainement devant moi.

"La mère du Maître, il est en bas", annonça-t-il calmement.

Je le regardais sans comprendre.

"Que dites-vous?"

Ah Ching s'est approché. Il leva une main et compta lentement ses mots sur ses doigts. « Missee-sabe-master-avez-une-mère ? » s'enquit-il patiemment.

"Oui oui!"

"Eh bien, il vient juste d'arriver. Il est en bas !"

Je me levai. J'étais plus effrayé et nerveux que jamais. Je me suis souvenu d'être reconnaissant. Je portais une robe chinoise complète : une jupe noire et une veste en velours bleu. Ce fait prenait une importance amusante dans mon esprit alors que je me tenais là, luttant pour me ressaisir. J'avais mille fois planifié cette rencontre, et maintenant qu'elle était à mon portée, j'étais totalement sans ressource. Je descendis les escaliers confusément, faisant quelques pas rapides, puis m'arrêtant net et recommençant lentement. Si Chan-King avait été là, j'aurais fui vers lui et laissé toute la situation entre ses mains ; mais j'étais seul et sûr d'une seule chose : je comptais gagner l'amour de ma mère chinoise si je le pouvais. Subjectivement, toutes les histoires que j'avais entendues sur les belles-mères chinoises avaient dû m'impressionner plus que je ne l'avais admis, car je me souvenais de quelque chose que Chan-King m'avait dit longtemps auparavant : « Je ne peux pas vous décrire l'importance de la mère dans la maison chinoise. Elle est une autocrate complète, avec une autorité presque finale sur ses fils, ses belles-filles, ses domestiques, ses parents, tout le monde sauf son mari, qui est généralement absent pour ses affaires. Sa vieillesse est un renversement complet de la situation. la retenue et la discipline de sa jeunesse.

Je m'arrêtai net à la porte du salon. J'ai vu la mère de mon mari pour la première fois. Elle était devenue pour moi une personnalité d'une grandeur presque légendaire, et j'ai senti une petite vague de surprise m'envahir de voir qu'elle avait l'air si réelle, si vivante et authentique. Elle était assise sur une grande chaise à haut dossier, les mains écartées sur les genoux. Son visage était celui de la jeune mère sur la photo que Chan-King m'avait montrée, seulement devenue plus âgée et un peu plus sévère. Elle était vêtue de brocart noir, dont les plis raides et les plis précis accentuaient sa dignité. Sous les bords de sa jupe brillaient ses petites chaussures grises brodées de rouge et de vert. A ses côtés se tenait le parent qui l'accompagnait, un gentleman chinois de la vieille école, vêtu d'une longue robe de soie sombre. Derrière sa chaise se tenaient une servante et deux domestiques.

Je savais qu'elle ne parlait pas anglais et je ne connaissais pas encore son dialecte du sud. Il y eut une pause brusque dans la pièce silencieuse pendant que nous nous regardions.

J'ai joint les mains à la manière chinoise, j'ai souri et je me suis incliné. Ma mère chinoise se leva aussitôt et fit un pas vers moi, en équilibre sur ses petits pieds à l'aide d'une épaisse canne à pommeau d'or. J'ai vu qu'elle était inhabituellement grande. Puis, étonnamment, elle m'a tendu la main, à la manière américaine, et je l'ai serrée, les yeux de chacun scrutant toujours le visage de l'autre. J'ai vu dans son regard le regard dont j'avais besoin pour me rassurer, la gentillesse et l'appréhension mêlées, une trace d'anxiété qui, j'en suis sûr, était la contrepartie même de ma propre expression. Je savais alors que son cœur n'était pas plus sûr que le mien et que cette rencontre était aussi importante pour elle que pour moi.

Ah Ching a avancé ma chaise et nous nous sommes assis ensemble, nous souriant, laissant nos gestes parler pour nous. Finalement, elle tendit la main droite, paume vers le bas, mesurant la taille d'un petit enfant depuis le sol, inclinant la tête vers moi, les sourcils levés en signe de question. J'ai fait un oreiller de mes deux mains, j'ai posé ma tête dessus, les yeux fermés, puis j'ai pointé le doigt vers le haut. Nous étions tous les deux ravis de cette simple pantomime. Le vieil homme – son cousin – avait l'air sympathique et même les trois serviteurs solennels souriaient un peu. Elle m'a demandé par gestes où était mon mari. J'ai fait un grand signe de la main vers la rue, en direction générale de la ville. Elle hocha la tête, s'installant un peu en arrière et inspira longuement. Nous étions à bout de forces pour converser sans l'aide d'un interprète.

Quand j'ai entendu la sonnerie de Chan-King à la porte, je me suis dépêché de le rencontrer pour lui annoncer la nouvelle. Il était encore plus excité que moi et se précipita devant moi vers la maison. J'ai marché très lentement pour qu'ils puissent recevoir leur premier salut sans être dérangés, et, quand je suis arrivé, ils rayonnaient l'un sur l'autre et parlaient le dialecte de la province du Sud devant un enfant chérubin très endormi, que Chan-King, avec une fierté paternelle, avait ordonné de descendre immédiatement saluer sa grand-mère.

La suite installée, Chan-King m'informa que notre mère resterait avec nous pendant six semaines. Pendant ce temps, j'ai appris l'art de la pantomime au-delà de tout ce que j'avais jamais espéré dans ma nature peu démonstrative. Ma mère chinoise et moi avons conversé avec des sourcils, des mains, des sourires, des hochements de tête et des secousses de la tête, en tournant beaucoup les yeux. J'ai eu pour elle une affection et une admiration immédiates, et elle a adopté à mon égard une attitude douce et confidentielle qui m'a beaucoup plu.

Elle nous avait apporté des cadeaux à la chinoise : pour moi, une chaîne en or chinois délicatement ouvragée dans une boîte en bois de santal sculpté ; pour Wilfred, une douzaine de costumes chinois aux motifs brillants portés par les enfants d'Orient, et si convenants au petit homme fier que, vêtu de eux, il semblait déjà entrer dans son héritage. Elle apportait également de grands paniers de fruits frais – pomelos, litchis et yeux de dragon – et d'innombrables pots de conserves de poisson, de viande et de légumes, qui avaient été les favoris de Chan-King lorsqu'il était enfant à la maison.

Madame Liang avait l'amour des femmes chinoises pour le shopping. Accompagnés de sa cousine et des domestiques, nous sommes passés de marchand de soie à marchand de porcelaine, et de dinandier à tisserand de tapis, rassemblant des trésors. Même si elle a mené la plupart de ses négociations par l'intermédiaire de sa cousine, elle a négocié avec une fermeté et un sens des valeurs que j'admirais beaucoup. Dans les ateliers de soierie, elle achetait de merveilleux satins brocardés et des soies brodées et elle me faisait choisir moi-même le motif que je voulais. Même si elle préservait avec le plus grand soin les caractéristiques vestimentaires de sa propre province, elle s'intéressait beaucoup aux styles de Shanghai et examinait ma garde-robe d'un œil critique, notant les manches courtes avec des sous-manches bien ajustées et les jupes à sept tresses - et non cinq, comme dans Canton, par exemple, de chaque côté.

Malgré l'opinion populaire occidentale selon laquelle les modes ne changent jamais en Chine, la femme chinoise est minutieusement attentive à la longueur exacte et à l'ampleur – ou à la rareté – de ses manteaux, jupes et pantalons. Elle est minutieusement précise sur la largeur des biais ou galons ou dentelles qu'elle utilise pour la confection, le nombre et la disposition des attaches, la forme et la hauteur de son col. Tous ces détails varient aussi tyranniquement d'une saison à l'autre - sous la direction de Shanghai - que certaines caractéristiques du style le font chez nous sous la direction de New York ou de Paris. De plus, contrairement à nos quatre saisons, le passionné de mode chinois en tient compte de huit, chacune avec son style et son poids vestimentaire appropriés.

À la maison, ma mère cousait beaucoup, utilisant ses mains avec grâce et avec beaucoup de compétence malgré les longs ongles recourbés de sa main gauche. Ma machine à coudre américaine la fascinait. Elle avait une excellente machine manuelle à la maison, expliqua Chan-King, mais la mienne fonctionnait avec une pédale et elle souhaitait l'essayer. J'ai pris dans mes mains les petits pieds chaussés de couleurs vives et j'en ai posé un en avant et un en arrière sur le treillis de fer. Et elle les a très bien déplacés, alternativement, et a exécuté plusieurs coutures avec énergie.

Chan-King, sa mère et moi sommes allés ensemble dans des cafés chinois et Madame Liang était heureuse et amusée de voir que non seulement j'utilisais facilement les baguettes, mais que j'avais un réel goût pour la cuisine chinoise. Nous nous régalions de toutes sortes de plats épicuriens : poulet et canard épicés, ailerons de requins, soupe de nid d'oiseau aux œufs de pigeon (mon délice préféré), algues et pousses de bambou, kakis confits, graines de lotus et pudding de mil aux amandes. thé.

Un jour, dans un café avec jardin sur le toit, où je portais des vêtements américains, mon utilisation de baguettes a suscité un intérêt considérable parmi les convives voisins, et des commentaires parasites nous sont parvenus, car les Chinois sont toujours heureux de voir des étrangers familiers avec leurs coutumes. "C'est sans aucun doute une missionnaire", a déclaré une jeune femme dans le dialecte natal de mon mari. En entendant et en comprenant, Mère a immédiatement dit, d'un ton clair et gracieux : "Mon fils, peut-être que ta femme aimerait manger de la nourriture américaine maintenant." Chan-King a traduit pour moi à la fois les commentaires et les suggestions, et j'ai été heureux d'apprendre que, en tout cas, ma mère chinoise n'avait pas honte, dans un lieu public, de saluer sa fille américaine.

Maman aimait le théâtre et, comme Shanghai possédait d'excellents théâtres, nous avons organisé plusieurs soirées pendant son séjour.

La grande scène semi-circulaire sur laquelle se jouait une vieille pièce historique célèbre que nous avons vue était ornée de broderies somptueuses, recouverte d'un épais tapis de Pékin d'une immense taille et brillamment éclairée par l'électricité, comme l'était le théâtre tout entier. Les acteurs portaient les magnifiques robes officielles et militaires d'une première dynastie. Comme sur la scène élisabéthaine, les rôles des femmes étaient assumés par les hommes, qui obtenaient, grâce à des chaussures intelligemment construites, l'effet de pieds bandés. J'ai trouvé les tambours et les gongs assourdissants un peu éprouvants, par moments, et les propriétés rudimentaires quelque peu incongrues avec les tentures et les costumes merveilleusement élaborés. Mais, connaissant l'histoire, j'ai compris l'action et je l'ai si évidemment appréciée que Mère a été de nouveau surprise, comme Chan-King me l'a raconté plus tard. Nous étions assis dans notre loge de balcon, au-dessus des vagues gradins de sièges inférieurs remplis d'un public agité d'hommes, de femmes et de nombreux enfants dans les bras de leurs *amahs*. Sur la large rampe avant de notre boîte se trouvait l'inévitable théière, avec de la place également pour les fruits, la canne à sucre, les graines de melon ou les plats de viande et de riz que nous souhaitions acheter parmi la variété infinie offerte par les garçons enthousiastes. en casquettes rondes et en robes de coton bleues. De temps en temps, un employé venait avec une énorme bouilloire pour remplir notre théière et, un jour, il nous offrait les habituelles serviettes chaudes et fumantes pour les doigts collants. Chan-King les écarta énergiquement. « Horrible coutume », m'a-t-il dit. "Pas hygiénique. Comment peuvent-ils faire ça ?" Et il a ajouté quelque chose du genre à sa mère en chinois. Elle le regarda avec compréhension, une petite lueur de sagesse supérieure dans les yeux. Mais elle ne répondit rien.

Elle s'était prise d'affection pour Wilfred, qui à cette époque possédait un bon vocabulaire chinois, qu'il utilisait toujours pour parler à son *amah*. C'était un bel enfant, typiquement chinois, très charmant dans ses manières, très amoureux de son *amah* et de sa grand-mère indulgente. Madame Liang prenait son menton dans ses mains et étudiait attentivement ses traits, hochant la tête avec approbation. Puis elle caressait sa nuque ronde et noire et lui donnait de sa poche des graines de melon ou des amandes. Wilfred utilisait un étrange mélange de dialectes – une confusion de mandarin et de langue vernaculaire de Shanghai, avec une touche de cantonais de son *amah*. Madame Liang entreprit patiemment de lui apprendre également son propre dialecte.

A la fin de sa visite, notre mère dit à Chan-King : "C'est une maison chinoise, avec une femme chinoise dedans. Tout est chinois. Je n'aurais jamais pu le croire sans voir, car je pensais que ta femme était une femme occidentale." . Je suis content." Et elle lui répéta qu'il fallait venir lui rendre visite, car elle avait besoin de nous.

Le père de Chan-King, membre d'une ancienne entreprise établie dans le commerce d'importation et d'exportation aux Philippines, était absent, s'occupant de ses affaires ou échangeant des visites avec des amis de son âge et de son rang. Son retour à la maison avait le caractère de vacances. La gestion de la maison dépendait de Madame Liang.

Pendant qu'elle parlait, j'ai réalisé à son visage, aux réponses de Chan-King, à tout ce que je savais de la vie de famille chinoise, que nous faisions partie de ce clan et que nous devrions toujours le faire. Un soupçon de solidarité que je ressens désormais avec la famille de mon mari m'est venu. Nous n'étions pas séparés d'eux ; nous ne devrions pas non plus l'être.

Après le départ de notre mère, Chan-King m'a dit quelque chose de ce genre, citant ce qu'elle avait dit sur le fait que je n'étais pas occidental. "Mais j'aime que tu sois occidental dans ce sens", m'a-t-il dit, "que toi et moi avons de la camaraderie, de la liberté et de l'égalité dans notre amour. C'est ce qui me rend le plus heureux."

Avant que Chan-King et moi fermions la maison à Shanghai pour partir vers les collines du sud, notre deuxième fils, Alfred, est né. Une Américaine m'a demandé, alors qu'il avait environ six semaines, si je ne ressentais pas un sentiment d'aliénation à la vue du petit visage oriental sur mon sein. Très simplement et honnêtement, j'ai répondu non. Mon mari ne m'était en aucun cas étranger. Comment, alors, notre enfant pourrait-il en être ainsi ?

Sa venue m'a fourni une excuse bienvenue pour rester tranquillement à la maison pendant un court moment. J'essayai alors d'apprendre simultanément le mandarin et le dialecte de la province de Chan-King, méthode d'étude qui me gêna constamment au début. Mais mon mari était un professeur encourageant et j'ai commencé, avec incertitude, à utiliser mes nouvelles connaissances, en les essayant principalement sur mon jeune fils Wilfred, qui était le véritable linguiste de la famille. Il prenait mon chinois très au sérieux. Je ne peux pas en dire autant pour Chan-King, qui s'est beaucoup amusé de mon inflexion.

Vers la fin de l'année, j'ai décidé de devenir professeur d'anglais et d'histoire dans un lycée de filles chinoises. Chan-King a été surpris lorsque je lui ai dit que je souhaitais enseigner, mais il n'a présenté aucune objection et a observé avec intérêt mes progrès tout au long de l'année. J'ai adoré mon enseignement. Plus encore, j'aimais les filles de mes classes. Collectivement et individuellement, je les ai trouvés extrêmement utiles en esprit et en esprit. Je ne peux pas dire à quel point la jeune femme chinoise me paraissait charmante. J'ai commencé à aspirer à une fille et quand, vers la fin du deuxième trimestre, j'ai découvert que je pourrais peut-être avoir le désir de mon cœur, j'ai réalisé que mon mari le partageait.

Au début de l'automne, notre mère nous a écrit et nous a demandé de venir dans le sud pour la saison froide. Elle a également exprimé l'espoir que le prochain petit-enfant pourrait naître dans sa propre province. Chan-King avait été d'une force encourageante depuis plus d'un an, mais il avait toujours trouvé les hivers nordiques durs. Nous avons décidé que le moment était venu de tenir notre promesse de visiter la maison ancestrale. Chan-King a obtenu un congé de six mois.

En dix jours, nous avions fermé temporairement nos affaires, renvoyé les serviteurs, à l'exception de l' *amah* et du fidèle Ah Ching, rassemblé nos cartons et fait nos adieux à nos amis. Les feuilles tombaient dans l'avenue ; les plantes étaient ratatinées sur les bords de la véranda ; les vents soufflaient d'une manière sinistre et stridente sous les avant-toits. Chan-King pâlit et recommença à tousser. Hors du terrible hiver de Shanghai, nous avons fui vers la douceur hospitalière du Sud.

Sur un grand bateau à vapeur, nous avons commencé ce qui était habituellement un bref voyage. Mais, selon ces calendriers de guerre, les changements et les retards étaient la règle invariable. Après trois changements imprévus et autant de retards, nous atteignons un port juste de l'autre côté de la frontière, dans la province de mon mari. Là, nous nous sommes arrêtés, avec l'intention de continuer trois jours plus tard sur le petit bateau à vapeur cabossé et cabossé qui soufflait bruyamment sur le quai, remettant à plus tard les fruits secs et les teintures, emportant du riz, du tissu et du bois de santal. Mais nous n'avons pas continué comme cela s'est produit. Au lieu de cela, une petite femme médecin souriante et compétente, portant le costume du sud et possédant un curieux fonds de sagesse pratique en matière médicale, m'a soigné dans son hôpital natal lors de la naissance de notre fille Alicia.

Par un matin d'hiver vaguement gris et doucement stimulant, dix jours plus tard, notre petit navire rebondissant - car j'avais cajolé Chan-King pour qu'il me permette de voyager - s'est levé, sorti du port, et des sampans sont venus à notre rencontre. Tels des poissons géants, se balançant, plongeant et se balançant sur les vagues, ces sampans avec leurs grands yeux peints de chaque côté de la proue et leur curieuse poupe recourbée vers le haut, s'avançaient vers nous en une flotte de gala, ramée par des bateaux maigres et surplombés. des hommes musclés vêtus de vêtements en coton bleu délavé. J'étais très gai et très exalté par le doux soleil qui perçait la brume alors que je descendais avec l'aide de Chan-King dans l'un de ces bateaux.

Le port était fréquenté par de petites embarcations, des cabriolets à fond plat ou des bateaux à bagages, sans compter les jonques dont les voiles carrées et brunes se balançaient en craquant au vent. Deux navires de guerre chinois se dressaient au-dessus de nous, leurs vastes et volumineuses flancs peints en gris de cuirassé.

Au-delà, une île longue d'à peine un mile tournait vers nous son profil irrégulier, une longue masse d'énormes rochers gris dépassant brusquement d'une mer étincelante. Alors que nous nous dirigeions vers le continent, nous étions assez près de l'île pour voir très clairement les maisons aux toits de tuiles entourées de vérandas cintrées, répétées encore et encore en longues lignes ondulantes qui donnaient un agréable effet de dentelle. L'île était ombragée d'arbres au feuillage hivernal, non pas du vert brillant de l'été, mais du vert sauge et du bronzage pâle de novembre. A travers ce rideau intermittent, les murs des maisons brillaient de bleu terne, de rose corail et de gris clair. Des cactus déchiquetés poussaient parmi les rochers bulbeux et partout les poinsettias écarlates embrasaient les collines de taches de couleurs brillantes. J'ai adoré cette île instantanément. J'ai dit à Chan-King : "C'est notre île du Bienheureux, où nous vivrons quand nous serons vieux."

À la jetée, Ah Ching est allé héler les porteurs de chaises à porteurs, et bientôt j'ai été transporté rapidement quelques mètres devant la chaise de mon mari.

J'étais rempli d'une délicieuse exaltation à l'idée d'être dans la province de Chan-King, si proche du village même qu'il a connu étant petit garçon. Avec une immense curiosité, j'ai regardé à travers les rabats des rideaux, qui étaient transparents de l'intérieur. Nous traversions la ville qui s'étendait au bord de l'eau, un petit endroit lumineux et ouvert, où les petites maisons aux toits de tuiles courbes épousaient le sol. Nous parcourions d'un pas régulier les rues tortueuses, qui n'étaient en réalité que de larges sentiers. Nous avons quitté les bords accidentés de la ville et avons commencé à gravir les collines. J'ai relevé un peu mes rideaux et j'ai osé regarder librement. L'émotion est montée en moi. J'avais envie de pleurer de joie à ce retour, car c'était notre véritable retour à la maison, et je sentais une part secrète à toute la vie que mon mari avait connue ici.

Nous remontâmes le sentier étroit et sinueux vers les collines couvertes d'une brume enfumée et ambrée. Disséminées le long de la route montante, à côté des habitations, se trouvaient de petites terrasses renfermant des parcelles de terrain cultivé, remplies de plantes en croissance. Partout où les gens pouvaient trouver un endroit plat et luxuriant sur les collines pierreuses, dépouillés par la déforestation de tout sauf de l'herbe, ils avaient planté leurs légumes. Ces petites taches de couleur, extraites par des jardiniers économes du sol lavé dans les poches des collines, ajoutaient une note festive et humoristique au paysage hivernal, par ailleurs si brun et brûlant. Je pensais avec frivolité à un géant solennel portant ses bouquets de fête. Les collines s'éloignaient énormément, jusqu'à former des silhouettes sur l'orange terne et le violet cendré du soleil du matin qui se débattaient à travers les nuages. Des ponts de pierre solides, aux courbes abruptes et étroits, nous permettaient de franchir les ruisseaux fréquents qui se précipitaient vers la vallée.

Ici, nous sommes tombés sur le village ancestral de la famille de mon mari. Il gisait, compact et aux nombreux toits, sur le flanc d'une colline, aussi complexe et aussi inévitable qu'une colonie de nids d'oiseaux, aussi naturellement partie de la terre que s'il était né de graines plantées. Des rangées de murs couraient le long de l'artère principale. Il y avait encore peu de monde et les portes étaient fermées dans toutes les maisons de plâtre et de pierre aux toits bas.

Nos chaises étaient déposées devant une haute porte à capuchon dans un mur gris pierre. Ah Ching frappa. Les portes s'ouvrirent et des domestiques sortirent en toute hâte, accompagnés de trois Chow-dogs noirs bondissants, qui aboyèrent avec un défi frénétique jusqu'à ce que Chan-King leur parle et change leur menace en un accueil joyeux.

Nous sommes entrés dans une cour spacieuse et avons traversé un jardin exquis, l'un des plus beaux que j'ai vu en Chine. Un lac artificiel ondulait placidement, dérangé uniquement par les poissons rouges qui s'élançaient. Des lauriers et des magnolias assombrissaient les allées. Un bosquet de bambous vacillait et projetait son reflet dans l'eau au bord du lac.

Chan-King m'a aidé à me lever de la chaise et ensemble nous sommes entrés dans le hall principal par les larges portes. Madame Liang, prévenue très tôt de notre arrivée, se tenait là, et ma première vue m'a donné un sentiment renouvelé de retour à la maison. J'avais vaguement conscience d'une grande salle, au fond de laquelle se dressait un maître-autel, avec des guirlandes de fumée odorante s'élevant en colonnes droites devant des tablettes de lettres et des images brillantes sous des vitrines. Le scintillement des broderies dorées et écarlates contre le mur divisait l'obscurité en rayons de lumière comme le soleil à travers un prisme. Des chaises en bois noir lourdement sculptées avec des tables à thé ainsi que des tabourets en marbre avec des coussins en brocart gais étaient disposés dans la pièce.

Nous avons traversé ce hall principal et sommes entrés dans l'appartement de Madame Liang, où on m'a donné une chaise, et je me suis assis, me rappelant soudain que j'étais très fatigué.

D'autres membres de la famille, des parents éloignés et des cousins germains, ainsi que des invités, tous des femmes, sont entrés et je leur ai été présenté. Madame Springtime, épouse du deuxième fils, fit les premiers honneurs à la famille. Elle était si jeune – seulement dix-sept ans – et si mélancoliquement venue d'un autre monde que parmi ces femmes au foyer mûres, gestionnaires intelligentes et pratiques de leur maison et des biens de leur mari, elle ressemblait à une branche de pêcher. Dans une tenue de fête vert jade et lavande, des chaussures brodées sur ses petits pieds et une coiffe brodée couronnant ses cheveux noirs brillants et encadrant l' ovale de son visage timide et souriant, aux yeux noirs de prunelle, elle arrivait portant un chapeau laqué. plateau et présentant à chacun de nous du thé sucré, dans des tasses de porcelaine la plus fine avec des standards et des couvercles en argent et de minuscules cuillères en argent avec des bols en forme de fleur.

La jolie petite cérémonie du thé était ensuite répétée par différents membres de la famille, tandis que les petits fils recevaient du lait chaud et des gâteaux. Un groupe enthousiaste s'est rassemblé autour de la petite nouvelle fille, qui dormait toujours paisiblement.

Une petite dame bouillonnante et occupée, à peu près de l'âge de Madame Liang, se pencha sur moi, avec un sourire interrogateur, et me fit signe avec insistance sa jolie et gaie tête lorsque ma mère la présenta comme étant Madame Chau. Vêtue de couleurs riches, en contraste direct avec ma mère sobrement vêtue, elle était aussi joyeuse que Madame Liang était grave et elle trébuchait sur ses pieds de "lys doré" presque invisibles avec une énergie qui ne détruisait pourtant pas sa grâce. marche du saule.

Mais les costumes multicolores, le grand lit à rideaux d'un côté, les voix, tout semblait soudain lointain. Et tandis que j'hésitais, souriant avec détermination, j'entendis la voix de mon mari. "Mère pense que tu es fatigué; alors cette femme va te montrer ta chambre, où tu devras t'allonger et te reposer."

Quelque temps plus tard, alors que j'étais allongé – avec Alicia dormant sur mon bras – sur le lit doté de rideaux violets et de douces couvertures blanches, Chan-King entra tranquillement dans la pièce.

"Vous vous sentez aussi à l'aise que vous en avez l'air ?" » a-t-il demandé et, alors que j'acquiesçais d'un air somnolent, il a touché une boîte de gâteaux.

"Celles-ci vous ont été apportées par Madame Chau, la petite dame très occupée. Vous savez" - il hésita un instant - "elle aurait été ma belle-mère, si je n'avais pas insisté auprès de votre mère à la place!" et il m'a légèrement pincé la joue.

J'étais maintenant bien réveillé. "La petite dame-oiseau là-bas, la mère de Li-Ying ?" J'ai demandé. « Alors, où est Li-Ying ?

"Ils ne m'ont rien dit directement", répondit Chan-King. "Mais je déduis de plusieurs conversations pointues tenues devant moi que Madame Chau vient de rentrer de la maison de sa fille à Singapour. Imaginez : la petite Li-Ying est également mariée et a également trois enfants, deux filles et un garçon. Je pense," dit mon mari chinois avec une charmante complaisance, posant une main sur la mienne et se baissant pour embrasser le visage rose et endormi d'Alicia, "notre arrangement est bien meilleur. Les fils devraient être plus âgés que les filles sont bien appréciées ! »

A midi, après une heure de sommeil paisible, je fus de nouveau réveillé par Chan-King, qui se tenait à côté d'une servante avec un plateau.

Je me suis assis. "Je m'attendais à être dehors pour déjeuner", dis-je en me préparant à me lever.

Chan-King avait l'air perturbé. "Restez où vous êtes", a-t-il prévenu. "Ma mère vient de me gronder pour vous avoir permis de voyager avec un bébé de dix jours. 'Comme si je pouvais y faire quelque chose !' Je lui ai dit, en rejetant la faute sur Ève de la manière chrétienne la plus approuvée ! Elle admire votre esprit, mais pense que, pour le bien de votre santé, vous devriez vous reposer au moins deux semaines de plus !

Je m'allonge docilement. "Très bien," dis-je. "L'obéissance est mon mot d'ordre !"

Et pendant le temps prescrit, je restai allongé dans ma jolie chambre, tous mes sens profondément sensibles à la vie qui se passait dans une maison chinoise : le tintement des petits gongs qui appelaient les domestiques ; beaucoup de rires entrant faiblement ou clairement lorsque mes portes étaient ouvertes ou fermées ; le claquement des pieds de lys le long du passage ; la lueur des robes roses ou bleues radieuses de Madame Springtime lorsqu'elle entrait pour s'enquérir de mon bien-être ou apporter quelque nouvelle friandise qui m'avait été achetée ; la fumée de l'encens de l'autel flottait dans la pièce par intervalles, avec une douceur âcre qui réveillait de vagues souvenirs et émotions. Tout dans la maison – tentures, vêtements, meubles – était saturé de cet arôme. Mêlée à une odeur amère, distillée par un âge immense, et touchée par la qualité irritante de la poussière, cette odeur signifie désormais pour moi la Chine et elle est plus précieuse que tous les autres parfums du monde.

"Mais Chan-King, la vie n'est que nourriture !" J'ai protesté, vers le troisième jour, alors que mon quatrième repas m'avait été servi en début d'après-midi.

"Mais les quantités sont faibles", a-t-il répondu. "Une bien meilleure façon, tu ne penses pas, que de prendre de bons repas à plusieurs heures d'intervalle ?"

Tôt le matin, la jeune servante qui m'était assignée apportait un bol de lait chaud et des biscuits. Dans notre appartement, à huit heures et demie, elle servait le petit-déjeuner composé de riz bouilli – congee – et de diverses préparations salées, aigre-douces. A onze heures, il y avait de la soupe de tortue ou du bouillon de poulet. À midi arrivait le tiffin, composé de plats copieux de viande et de légumes, de poisson, de soupe et de riz bouilli à sec. Notre rafraîchissement en milieu d'après-midi était composé de nouilles à base de farine de blé ou de haricots, ou peut-être d'une variété de gâteaux raffinés. Le thé, maintenu au chaud dans un panier douillet, était toujours à portée de main dans chaque chambre. À sept heures, la famille dînait et, une fois les deux semaines écoulées, je les rejoignis, assise à la première table avec ma mère et mon mari. Le dîner était un repas élaboré, en plats, avec du riz à la fin. À l'heure du coucher, on retrouvait du lait chaud , ou du congee sucré, ou peut-être du thé, préparé à partir de graines de lotus ou d'amandes. Je grignotais continuellement. Je pensais que la cuisine chinoise était délicieuse, en particulier dans la province de mon mari, réputée pour ses délicieuses frites « croustillantes ».

Mais Chan-King avait envie de plats américains. Je donnai au chef cuisinier des instructions minutieuses pour préparer des fricassées de poulet, des salades fraîches, des steaks à la sauce espagnole et même des petits pains chauds américains, et il appréciait les conserves américaines, avec du beurre, du fromage, des confitures et du pain, qui arrivaient fréquemment du port. .

Un épisode qui a suscité beaucoup de réjouissance a été l'initiation par Chan-King de sa famille au mystère — et à l'histoire — du chop suey. La plaisanterie riche de ce plat chinois « fabriqué en Amérique » pénètre dans tous les foyers où se trouve l'étudiant de retour. A Shanghai, nous avions entendu avec amusement comment le *chef ahuri* du café YMCA était descendu sur l'un des grands paquebots transpacifiques au port, pour apprendre du chef cuisinier à bord ce qu'était ce « chop suey », que tous ses les étudiants qui revenaient étaient peut-être exigeants. Maintenant, avec des souvenirs d'activités d'anciens clubs universitaires qui nous incitent et avec un cuisinier habile pour exécuter nos instructions, Chan-King et moi avons introduit dans la maison ancestrale le plat le plus mal compris au monde. La famille a convenu que, bien que vaguement familier, ce plat ne ressemblait à rien de ce qu'ils avaient essayé auparavant, et ils ont décidé sans vote dissident qu'il était supérieur au poulet fricassé, au steak espagnol ou aux petits pains chauds.

A cette époque, le frère de mon mari, Lin-King, rentrait à la maison pour un bref séjour. J'ai décidé d'après les photographies qu'il ressemblait à son père, qui était toujours absent. Lin-King et Madame Springtime semblaient bien s'entendre et heureux, même si le mariage avait été arrangé par leurs familles et qu'ils ne s'étaient jamais vus avant la cérémonie. J'ai décidé que l'ancienne coutume avait après tout beaucoup de mérite — pour les autres — et je l'ai dit à mon mari, ajoutant : « Quand nos enfants seront grands, nous devrons les marier tous à des Chinois. Chan-King m'a regardé longuement en silence puis, soupirant avec humour, il a demandé : « Qu'en est-il de l'exemple de leur père, ma chère ?

Comme mon chinois était encore livresque et peu expérimenté dans les questions très importantes du ton et de l'idiome local, je ne pouvais pas converser avec la famille, et à table et dans l'appartement de ma mère, j'étais aussi silencieux, doux et aimable que Madame Springtime elle-même. Madame Springtime a servi le thé formel à nos nombreux invités dans un silence absolu, avec un sourire doux et fixe aux coins de sa bouche rouge. Je la regardais avec un intérêt dévorant, car elle faisait à ma place le rôle de première belle-fille.

Les rouages de la vie fonctionnaient avec la douceur d'une longue habitude et d'une discipline complète. Les repas étaient servis, les appartements entretenus dans un ordre exquis et les enfants soignés par un corps de domestiques dressés minutieusement par une maîtresse exigeante, qui savait exactement ce qu'elle voulait. Nos journées étaient laissées libres pour la pratique des petites courtoisies, l'échange de jolies attentions et le soin de l'autel ancestral.

Mon mari, lui-même, sa femme et ses enfants, se tenaient assidûment à l'écart des cérémonies qui se déroulaient devant cet autel à différents moments. On ne lui demandait ni ne s'attendait à ce qu'il fasse autrement, tout comme notre présence à la petite église missionnaire était acceptée sans aucun doute. À d'autres moments, cependant, j'avais amplement l'occasion d'étudier l'autel et d'apprécier la beauté de ses sculptures massives, de ses brûle-encens et chandeliers élaborés, de ses broderies d'une facture exquise. Une image en porcelaine de la déesse bouddhiste de la Miséricorde dans son personnage de Donatrice de Fils, placée dans une grande vitrine, m'a fasciné par sa ressemblance remarquable avec certaines images catholiques. Mais les tablettes ancestrales m'intéressaient davantage, et le respect que j'ai toujours accordé aux objets sacrés des autres se mêlait ici à des sentiments profondément personnels : les caractéristiques mêlées de ces hommes et de ces femmes morts depuis tant d'années et qui ont survécu dans le monde. l'homme qui était mon mari; leurs courants de vie palpitaient chaleureusement dans les veines de mes enfants ; peut-être qu'une profonde perspicacité acquise au-delà de la tombe leur a permis de savoir avec quelle vérité je reconnaissais ma dette envers eux, avec quel fervent espoir que ces enfants ne se révéleraient pas indignes de leur héritage.

Avec l'aide du coaching de Chan-King et de mes observations personnelles, j'ai vite appris la gracieuse routine de la maison. Chaque matin, à dix heures, je me présentais à la porte de l'appartement de Madame Liang et restais assis avec elle pendant plusieurs heures, souvent autour d'un tiffin, même jusqu'à l'heure du thé, si elle manifestait le désir de ma compagnie. S'il faisait beau, nous nous promenions dans le jardin, elle s'appuyant légèrement sur mon bras, sa canne frappant les dalles. Parfois aussi, du thé était servi ici, les jeunes enfants se joignant à nous pour du lait chaud et des gâteaux sucrés.

Il me fallut plusieurs jours pour identifier les membres de la maison dans leurs relations respectives, car il y avait trente personnes rassemblées dans cette grande enceinte au toit bas et décousue derrière le haut mur d'enceinte. C'étaient presque toutes des femmes, et les deux tiers d'entre elles étaient des servantes. Les parentes calmes et aux manières douces passaient presque tout leur temps dans leur propre appartement. La personnalité puissante de Madame Liang, silencieuse et convaincante, faisait pâlir les couleurs de presque tous les tempéraments qui l'entouraient. Son amie, Madame Chau, la réconfortait énormément, car on ne pouvait la persuader de prendre quoi que ce soit très au sérieux. Madame Liang riait avec elle plus qu'avec n'importe qui d'autre. Pendant qu'ils brodaient activement, ils bavardaient et j'écoutais leur discours musical avec ses doux accents du sud et ses cadences carillonnantes aux multiples tons.

Je pensais, assis dans un fauteuil aux coussins profonds, soignant la petite Alicia, avec une théière à mon coude, que Madame Liang, dans son magnifique lit noir et orange lourdement sculpté, enfermé sur trois les côtés étaient recouverts de panneaux de soie peinte et drapés sur le devant de rideaux de soie retenus par des bandes de brocart à pompons, constituait un maillon de la chaîne des choses éternelles. Elle était entrée dans la maison exactement comme les « femmes nouvelles » l'avaient fait siècle après siècle, et elle avait vécu sa vie sans conteste selon leurs préceptes et leur exemple. Il y avait en elle une dignité monumentale et intemporelle alors qu'elle cousait et parlait de sujets simples. En sa présence, je me sentais jeune, facile et terriblement désancrer.

J'ai discuté de ces choses avec Chan-King dans l'obscurité de la nuit, alors que toute la maison était silencieuse. Il était intéressé par mes réactions, sachant qu'elles étaient le résultat d'un profond amour personnel pour sa famille et d'une sympathie pour tous ceux qui la composent. Spirituellement, Chan-King était également en sympathie avec sa famille. En pratique, eh bien, comme je l'ai dit, il y avait des moments où il avait envie de nourriture américaine, et sa première action dans la maison fut d'ordonner d'enlever les rideaux du lit de notre appartement.

Ils ont été retirés et rien n'a été dit. Un merveilleux esprit de courtoisie et de tolérance régnait dans la vie de famille, avec une absence totale de cet entrecroisement de critiques personnelles que permet notre liberté d'expression occidentale. Non qu'il n'y ait pas eu des courants sous-jacents, des antagonismes intimes ici et là, des sacrifices personnels et des chagrins. Mais ils n'ont pas été reconnus, car dans la vie chinoise, les revendications individuelles sont éternellement abandonnées dans l'intérêt de la paix et du bien-être du clan. Il n'y avait qu'une seule autorité, et elle était confiée à Madame Liang. Un tel système assure l'harmonie et préserve l'institution de la famille, sur laquelle est fondée toute la Chine.

Ne faisant aucun effort conscient, j'étais moi-même tellement imprégné de cet esprit que, lorsque le gouvernement fut convoqué pour que Chan-King se présente à Pékin au début de la nouvelle année, j'étouffai mon angoisse et dis : « Comme c'est magnifique pour nous tous, Chan-King ! Quand pars-tu ? »

Nous étions dans la dernière semaine de l'année, et sur les instances pressantes de madame Liang, mon mari retarda son départ (comme le permettait la convocation), afin de célébrer au milieu de sa famille la plus délicieuse de toutes les fêtes. De délicieuses odeurs de cuisine se répandaient désormais partout, de nouveaux vêtements pour chacun étaient préparés et les visages prenaient un éclat de bonheur.

Un soir, après une visite à sa mère, Chan-King est venu vers moi en riant de bon cœur. « Mère me rappelle, dit-il, que pendant trois jours, les servantes, lorsqu'elles balayent le parquet, ont l'habitude d'entasser soigneusement la poussière dans un coin au lieu de la jeter, de peur que la fortune familiale ne soit jetée avec elle. Mais elle dit que bien sûr, ce n'est qu'une vieille superstition et que si vous le souhaitez, vous pouvez dire à la servante d'enlever les déchets comme d'habitude. J'ai ri aussi. Puis j'ai dit : "Dites à maman que nous ferons notre part pour garder la bonne fortune dans la famille." "Pendant trois jours également", continua Chan-King, "aucun mot dur ou réprimandant ne devra être prononcé par qui que ce soit. Et par conséquent," continua-t-il d'une voix sonore, "votre tyrannique mari chinois cessera de faire la leçon à sa femme américaine, qui est Mais je suis certain d'en avoir besoin." J'ai regardé dans ses yeux, brillants d'une gaieté irrépressible, et soudain je les ai fermés par un baiser, mes propres yeux embués. "Oh, ma chérie," murmurai-je, "tu n'es encore qu'un petit garçon à la maison, malgré les fils d'argent." Et j'ai lissé les mèches noires, déjà parsemées de gris. "Chan, j'adore le Nouvel An chinois !" J'ai dit.

Même maintenant, je revois tout cela. Mon mari portait une longue et digne robe de satin vert foncé – sans motif, comme c'est la coutume pour les fonctionnaires – un pantalon vert foncé, une veste courte marron doublée de fourrure douce, une casquette en satin noir et des bottes noires. Wilfred était un jeune gentleman vêtu d'une longue robe de soie bleu-vert, d'une veste vert foncé bordée de galons, d'un pantalon bleu et d'une casquette touffetée rouge. Alfred potelé était vêtu d'une veste lavande, d'un pantalon écarlate, d'un tablier à tête de tigre rouge, blanc et noir, de chaussures brodées et d'un petit bonnet tricoté gai. Alicia, que toute la famille aimait le plus dans ses robes américaines blanches à volants, y ajoutait maintenant une veste de soie rose et un adorable petit bonnet rose et noir, qui donnaient à ses traits une grâce orientale. Je portais ma dernière création de Shanghai, en satin à motifs lilas pâle et noir. Les invités allaient et venaient sans cesse et nous passions nos visites dans le village. L'air était rempli d'odeurs d'épices, de mélasse, de viandes rôties, de tourteaux de graines et de bonbons au mil, ainsi que de bruits de pétards, de gongs et de voix joyeuses.

Mais c'était enfin fini. L'heure du départ de mon mari était venue.

Avec une expertise silencieuse, Ah Ching se mit à faire ses valises. En trois jours, Chan-King était prêt à partir. Il m'apprenait les phrases familières dont j'aurais le plus besoin pour me faire comprendre sans son aide. Madame Liang a décidé que, pendant l'absence de mon mari, je devrais assumer ma position de première belle-fille. Je n'avais aucune appréhension quant aux devoirs minutieux et exigeants qui m'incomberaient en tant que bras droit de la mère de mon mari, car je l'aimais, mais je n'étais pas sûre de mon tact ni de mon habileté, et je me sentais tendue. douloureusement à la pensée de mon avenir immédiat.

Après des mois de compagnie d'heure en heure, se séparer de Chan-King était vraiment très terrible. Il entrait et sortait de notre appartement, se déplaçant dans la maison avec une énergie agitée, organisant les derniers détails. Finalement, il est venu et s'est tenu à côté de moi. "Dites au revoir maintenant, ma chérie," murmura-t-il. "Après, là-bas, nous n'aurons aucune opportunité." Il m'a rapproché et nous nous sommes embrassés avec une profonde émotion, les larmes dans mes yeux refusant d'être réprimées plus longtemps.

"Ne pleure pas", supplia-t-il avec une émotion inhabituelle. "Ne pleure pas, ou je ne peux pas te quitter !" Puis il m'a levé le visage, a séché mes larmes avec son mouchoir et a dit solennellement : « Souriez-moi ! Et j'ai souri.

Nous sommes allés jusqu'à l'appartement de sa mère et elle est sortie, les larmes aux joues toujours intactes. Rejoints par le reste de la famille, nous l'accompagnâmes jusqu'à l'entrée puis jusqu'au portail qui restait ouvert, presque bloqué par la chaise à porteurs qui l'attendait. Chan-King était en costume chinois, et alors qu'il se tenait là, profil vers moi, parmi le groupe de serviteurs, donnant ses dernières instructions, il semblait plus oriental, plus absorbé par son pays, que je ne me souvenais de l'avoir jamais vu.

Il s'inclina profondément devant sa mère, avec des mots formels d'adieu, et me fit un petit signe de tête grave. Puis, sans se retourner, il s'assit sur la chaise, les rideaux furent tirés et les coolies s'éloignèrent au trot dans le sentier escarpé, suivis un peu par les chiens noirs bondissants.

Mère et moi restâmes ensemble, après le départ des autres, et regardâmes sa chaise se bousculer dans l'allée étroite et pavée. Puis nous nous sommes retournés et nous sommes regardés, des sourires tristes aux lèvres, des larmes aux yeux. Nous avons secoué la tête. J'ai à moitié levé une main vers mon cœur, puis je l'ai laissé retomber. Je pense que nous avons tous deux trouvé dans notre manque de langage mutuel une excuse bienvenue pour garder le silence.

Madame Liang se tourna vers la maison. Les portes se sont fermées derrière nous. Je lui ai donné mon bras pour la soutenir jusqu'à ce que nous atteignions la porte ; puis j'ai fait un pas derrière elle lorsqu'elle est entrée. Sans parler, j'attendis qu'elle se soit agenouillée devant l'autel et que l'encens monte en nuages devant les images imperturbables sous leurs vitrines.

Ensuite, je l'ai accompagnée dans son propre appartement. Ma vie de vraie belle-fille chinoise avait commencé.

IV
LES COLLINES ÉTERNELLES

En suivant ma mère chinoise dans ses appartements, je pensais aux coassements bienveillants de mes amis. Leurs paroles résonnaient dans ma mémoire comme des cailloux secoués dans un seau : « Elle ne pourra jamais être heureuse avec un mari chinois ! Plus tard, on a dit : « Tout va très bien en Amérique, mais attendez qu'elle aille en Chine. » Lorsque je m'y fus établi avec bonheur, « Que Dieu lui vienne en aide, me dirent-ils, si elle essaie de vivre avec sa belle-mère chinoise ! À Shanghai, des amis étrangers lui avaient prédit : « Oh, oui, elle est adorable dans *ta* maison, mais attends d'essayer de vivre dans *sa* maison ! »

"C'est la dernière chance, Margaret", me suis-je dit. "Soyez clair ! Soit vous êtes sur le point de faire valoir un argument de plus contre les mariages mixtes, soit vous allez régler pour toujours la question en ce qui concerne votre cas."

Maman et moi sommes allés dîner ensemble, un peu plus tard que d'habitude. Nous avons attaqué notre nourriture très courageusement, les yeux baissés. J'ai levé les yeux par inadvertance et la vue des larmes sur ses joues a également libéré les miennes. Je me suis penché en avant et lui ai pris la main et nous avons eu du mal avec une phrase ou deux. "Pas de larmes!" J'ai dit. "Sois patient!" elle a répondu.

Le lendemain matin, après que l' *amah* ait habillé la jeune Alicia, tandis que la joyeuse enfant me suivait des yeux dans la pièce et me parlait joyeusement comme un bébé, je l'ai prise et suis allée, plus tôt que d'habitude, voir maman. Je l'ai trouvée assise dans son lit. Elle était habillée pour la journée et les couvertures étaient repliées contre le mur, lui faisant ainsi un canapé confortable. En pensant à Chan-King, j'ai regardé la rangée de petites armoires qui s'étendaient à l'arrière, à mi-hauteur vers la verrière. Je me souviens que Chan-King me racontait l'année où il était encore assez petit pour se tenir sous ces armoires sculptées de façon fascinante, où sa mère rangeait ses bibelots et articles de toilette, ses soies à broder, ses parfums et l'attirail sans fin de sa vie tranquille, et du la fierté qu'il a ressentie lorsqu'un jour il s'est cogné la tête et a découvert qu'il devait se baisser pour être à l'aise.

Wilfred était juste assez haut maintenant pour se tenir facilement sous les armoires, mais, d'une façon mystérieuse, la petite image de lui présentée à ce moment à mon imagination devint celle du petit Chan-King lointain, que j'étais pour toujours. recréant dans mon esprit tandis que je parcourais la maison où il avait vécu son agréable jeunesse.

Ce matin, j'ai allongé Alicia sur le lit près de Madame Liang. Elle se pencha sur elle et fit une *moue* au visage rose. J'étais très heureux lorsque Madame Liang était inhabituellement attentive à Alicia, même si mon sens de la justice me rappelait toujours que ma propre mère écossaise aurait probablement fait plus avec les garçons. Mais notre Alicia était la première fille de deux générations de la famille de mon mari et, même si les fils étaient d'une valeur inestimable pour le clan, elle était aimée et chérie tendrement. Il me semblait parfois que la maison l'aimait plus que tous les garçons ensemble, y compris le jeune Kya-Song de Madame Springtime, qui remplissait l'aile gauche de la propriété de ses cris de joie tandis qu'il jouait à cheval sur son cheval. tabouret en bambou précaire. Je me souvenais avec amusement de l'idée occidentale selon laquelle les filles ne sont toujours pas les bienvenues dans les familles chinoises.

Pendant que Madame Liang caressait le bébé en lui parlant d'un ton câlin, je lui ai demandé ce qu'elle souhaitait que je fasse.

Elle désigna sur sa coiffeuse une boîte de vues stéréoscopiques que je lui apportai. Ils formaient une histoire complète, mais ils étaient devenus très confus. Comme je peux lire les titres étrangers, aurais-je la gentillesse de disposer les images dans le bon ordre ? La facilité et la rapidité avec lesquelles j'accomplis cette tâche lui valurent immédiatement son approbation.

Ce n'était qu'une des innombrables petites choses que j'ai faites pour elle par la suite. Dans mon nouveau domaine, j'étais aux côtés de ma mère pendant de nombreuses heures de la journée. Je me promenais avec elle dans le jardin par beau temps, je m'asseyais avec elle et je cousais, enfilant des aiguilles comme ma propre mère et l'aidant même à confectionner ces merveilleux petits souliers qu'elle façonnait si soigneusement à la forme de ses pieds. Un jour, je lui ai dit combien j'avais été étonné lorsque Chan-King m'avait appris pour la première fois que les épouses chinoises fabriquaient les chaussures de la famille, mais avec quelle facilité j'avais compris, en voyant les délicates chaussures brodées dont il parlait, que la fabrication de chaussures était bel et bien une activité. un métier féminin.

Elle et Madame Chau étaient très fières de fabriquer elles-mêmes les chaussures les plus frivoles. Ceux de Madame Chau étaient les plus petits, mesurant à peine deux pouces et demi de long, tandis que ceux de ma mère étaient deux fois plus longs et de forme différente. J'en découvris la raison : Madame Chau s'accrochait avec ténacité à l'ancien style ; mais Mère avait peu à peu ôté ses bandages et modifié leur disposition, au rythme du changement qui avait suivi l'abolition de l'ancienne coutume.

Je me suis profondément intéressé à la coutume des pieds bandés. A Shanghai, tous les élèves de mon école et (à quelques exceptions notables près) les femmes de mon monde social avaient des pieds naturels, et la majorité d'entre eux portaient des escarpins américains et des richelieus ou des bottes anglaises. Les pieds bandés, même si je les voyais fréquemment en public, me semblaient très éloignés. Mais maintenant, à l'exception des filles de douze ans et moins, qui avaient profité du nouvel ordre de choses, les femmes parmi lesquelles je vivais avaient toutes les pieds bandés. Il convient peut-être de noter, quand on se souvient comment l'Amérique, avec ses propres grands non-lavés, plaisante aux dépens des Chinois, quel que soit leur rang ou leur condition, que, conformément à la propreté minutieuse des Chinois de la classe supérieure, les pieds bandés étaient exquisément bandés. soignés et les bandages étroits, blancs et spécialement tissés, étaient changés tous les deux ou trois jours. En observant les femmes délicatement chaussées de la maison de ma mère, je me suis rendu compte que jamais auparavant je n'avais apprécié, en lisant la littérature de mon pays d'adoption, la pertinence de comparer la démarche d'une femme aux pieds liés à la grâce du bambou se balançant dans le brise. Je n'avais jamais soupçonné le charme attaché aux éclairs scintillants de broderie sous une jupe à panneaux et à nombreux tresses. Mon propre numéro quatre a pris des proportions alarmantes. J'en ai eu vraiment honte. Un jour, alors que maman et moi étions assis ensemble dans des fauteuils, avec une table à thé en bois noir entre nous, j'ai placé mes pieds alignés avec les siens et j'ai dit en soupirant : « Ah, ils ont vraiment l'air très mauvais ! » Elle agita une main désapprobatrice. "Peu importe," dit-elle avec courtoisie et vérité, "ils n'ont peut-être pas l'air très bien, mais ils marchent certainement mieux."

Bien sûr, j'étais heureux que la petite Alicia appartienne à la Jeune Chine et que je n'achèterais pas de lys dorés avec un tonneau de larmes, comme j'avais souvent lu que toute femme aux pieds bandés devait le faire. Mais j'ai maintenant décidé que le tonneau avait dû être rempli pendant mes années d'enfance. Car les femmes autour de moi ne semblaient souffrir d'aucune douleur, seulement d'un engourdissement occasionnel, soulagé par un massage rapide du genou à la cheville sous les mains d'une servante. J'ai été surpris de la facilité et de l'énergie avec laquelle ils se déplaçaient, se contentant de faire de petits pas en avant et en arrière lorsqu'ils s'arrêtaient — à moins qu'ils n'aient le bras d'un serviteur ou une canne pour se soutenir.

Je pensais que notre mère était infiniment supérieure dans la grâce et la dignité de son port. Madame Springtime, qui avait légèrement élargi ses pieds, sur ordre de son mari, se déplaçait lentement et avec un manque de grâce caractéristique de la jeune génération. Madame Chang bougeait lourdement et avec difficulté. Madame Chau se précipita à pas rapides et flottants. À l'occasion, elle courait même des courses avec Alfred, notre joyeux deuxième fils, aujourd'hui âgé de deux ans et demi. Elle lui attrapait la main, se penchait en avant et le poussait à parcourir toute la salle, tous deux riant gaiement. De temps en temps, je croisais les mains, me tenais en équilibre sur mes talons et essayais une « promenade dans les saules », au grand amusement de Mère et de Madame Chau.

La vie s'est déroulée de manière très équilibrée pour moi dans la maison de ma mère chinoise après le départ de mon mari. Son père n'était pas revenu à la maison pour sa visite semestrielle et le deuxième fils était de nouveau absent. Même le troisième fils, aux manières calmes, qui ressemblait à sa mère et qui m'apportait chaque jour des roses du jardin, avait navigué vers le port de l'île pour prendre sa place dans l'entreprise familiale. Nous étions sous un matriarcat bienveillant dans l'enceinte confortable parmi les collines brunes qui s'éclaircissent maintenant au vert printanier.

Madame Liang était infailliblement généreuse et gentille. Je ne l'ai jamais entendu parler brusquement, sauf occasionnellement à des domestiques qui, par leur insouciance, avaient causé des problèmes, entravant le bon déroulement de la vie quotidienne de la famille. Je la regardais avec intérêt diriger les affaires de la maison depuis le trône de son grand lit. Elle donnait rarement ses ordres de première main, mais convoquait un parent ou un supérieur qui les recevait et les transmettait à ceux à qui ils étaient destinés. Cela conférait à ses ordres une finalité et une importance dignes d'une impératrice. Les serviteurs lui accordèrent une totale allégeance.

Elle était très fière de me guider à travers la structure complexe où des générations de Liang avaient vécu et sont mortes. En arrière de l'établissement principal se trouvait une série d'établissements plus petits comme celui-ci, chacun avec sa propre cour, sa salle principale contenant l'autel familial, ses chambres privées s'ouvrant de chaque côté. Des chaînes similaires de « maisons dans une maison » s'étendaient à l'est et à l'ouest, perpendiculairement à cette chaîne centrale. Mère m'a montré les chambres qu'elle avait occupées en tant qu'épouse, ainsi que la chambre où Chan-King était né, lorsque Madame Liang, l'aînée, dirigeait les affaires d'une main ferme mais bienveillante. Je me suis senti profondément ému par tout cela, plus que jamais membre de la famille.

J'ai commis de nombreuses petites erreurs, je le sais, dans mes efforts pour pratiquer la tolérance, l'industrie et la courtoisie illustrées dans ce groupe familial, mais Mère, contrairement à beaucoup de femmes chinoises trop sensibles et facilement offensées de sa classe, était divinement patiente. Elle ne m'a jamais demandé quoi que ce soit qu'elle jugeait inapproprié pour moi et elle a fait preuve d'une sage discrimination dans toutes les petites tâches qu'elle m'a assignées. Je l'accompagnais parfois au temple, ou sur les tombes ancestrales, mais uniquement en tant que spectatrice. Sa tolérance religieuse n'exigeait aucun compromis. Elle voulait que je voie où reposaient les grands-parents et les arrière-grands-parents. Elle savait que j'étais intéressé et rempli de respect. C'est à Madame Printemps qu'incombe la tâche de prendre soin de l'autel familial et d'entretenir les dévotions quotidiennes devant le sanctuaire sacré.

Cette jeune épouse était en tous points si typique de la femme chinoise d'antan, formée mais pas instruite, disciplinée mais pas brisée, que je trouvais en elle une source constante d'intérêt. Elle était naturellement timide et silencieuse, mais au bout d'un moment nous avons parlé un peu, et un jour elle m'a montré ses malles de mariée en laque blanche avec des décorations rouges et or, remplies jusqu'au sommet de ses parures de mariée, délicieusement pliées, et des vêtements pour son premier enfant, qui avait été fourni par ses parents dans le cadre de sa tenue de mariage.

Cette dernière coutume de la province natale de Chan-King me plaisait. C'était typique des nombreuses simplicités que je trouvais chez mon peuple adoptif. Ces petits vêtements aux couleurs brillantes, en soie, en brocart et en lin matelassés, étaient des symboles d'espoir, de bons présages pour le bonheur et un mariage fructueux. Habitué aux idéaux faussement puritains concernant les réalités importantes de la vie – le mariage et la naissance –, leur attitude franche envers les principes fondamentaux et leur acceptation inconditionnelle des faits de l'existence m'ont été une agréable surprise.

J'aimais aussi le curieux contraste entre leur vision simple des choses élémentaires et la formalité et la rigueur de leur étiquette personnelle. C'est la manière d'une race ancienne et toujours cultivée, qui a depuis longtemps cessé de construire à la base et s'occupe maintenant des décorations de la vie.

Leur projet de vie quotidienne repose sur la ferme conviction que le mode normal d'existence humaine est la vie de famille. Pour cela, il faut la préserver à tout prix. La vie ne peut pas se développer dans la discorde. Si les commodités valent quelque chose, elles valent la peine d'être préservées constamment et au prix de sacrifices personnels.

La vie derrière le portail voûté était si agréable et si remplie de petites occupations quotidiennes que je ne pensais guère à y aller. Le village n'avait pas de théâtre. Les jours de fête, des représentations étaient données par des troupes itinérantes, sur des scènes temporaires, dans des temples ou des maisons privées. Mais il nous arrivait d'aller au théâtre dans la grande ville voisine, et, lorsque nous avions des invités qui restaient chez nous pendant plusieurs jours, ils nous accompagnaient parfois. Nous étions un spectacle plutôt impressionnant, j'imagine, portés au trot rapide, dans une demi-douzaine de chaises à porteurs, sur le sentier irrégulier au crépuscule, précédés et suivis par des domestiques portant des lanternes.

Les enfants menaient une existence protégée et heureuse, avec des domestiques et de jeunes parents pour les amuser à l'intérieur ou à l'extérieur, selon le temps le permettait. Leur grand-mère indulgente leur fournissait généreusement de l'argent de poche sous forme de poignées de cuivre au lieu des liasses d'argent liquide qui suffisaient à une génération précédente. Aux vendeurs de passage, ils achetaient des arcs et des flèches en bambou peint de couleurs vives, des oiseaux siffleurs et des figures théâtrales en faïence colorée, des jouets en caoutchouc gonflés et une variété infinie de gâteaux à la farine de riz, des confiseries aux graines de sésame, de la tire d'arachide et des bonbons au mil. Les jours de fête, le choix était plus large que jamais, avec des bouquets moelleux de laine de sucre (sirop finement filé) et des bonbons fragiles soufflés à partir de tire fondue avec tout l'art du souffleur de verre, sous forme de lanternes, d'oiseaux et de poissons, montés sur bâtons minces. À certaines saisons, il y avait d'énormes poissons faits de cadres de bambou, recouverts de papier et peints de manière réaliste, qui nageaient dans une brise avec une grâce paresseuse, ou des cerfs-volants façonnés de la même manière pour représenter des oiseaux et des dragons qui s'envolaient vers le haut dans un vol fascinant.

Il y avait une colonie étrangère limitée dans cette même ville et plusieurs femmes américaines et britanniques sont venues me rendre visite. Certains d'entre eux étaient franchement curieux de savoir comment j'avais surmonté « l'épreuve de la famille », comme l'un d'eux l'exprimait, mais ils faisaient bien sûr preuve de beaucoup de tact.

Ma mère était très intéressée par ces visiteurs, dont je lui ai présenté beaucoup d'entre eux, s'ils parlaient chinois. Lorsqu'ils partaient, elle posait souvent des questions sur leur nationalité, la profession de leur mari, le nombre de leurs enfants. Quant à cette question, la plupart d'entre eux ont avoué avoir un enfant ou, parfois, deux. Mais je n'oublierai jamais l'appel d'une femme aux cheveux auburn d'une beauté saisissante et la conversation qui a suivi son départ. En réponse à la demande habituelle, je répondis : « Pas d'enfants du tout ! Mais elle a cinq *chiens* et vient d'en acheter, à Shanghai, deux autres, qui descendent sur le prochain bateau à vapeur.

"Pas d'enfants du tout, et cinq... *sept chiens* !" » dit Mère d'un ton horrifié. Et puis on a éclaté de rire. Mais rapidement, elle redevint sobre. "Les femmes étrangères ne s'occupent pas des enfants", a-t-elle déclaré.

"Oui," protestai-je. "J'aime beaucoup d'enfants."

"Vous," dit ma mère avec un sourire, "vous êtes une épouse chinoise."

Mais heureusement, mon prochain appelant était une Américaine au visage doux, fière mère de six enfants, dont deux avec elle. Notre réputation nationale a donc été sauvée.

Ces jours-ci, j'ai beaucoup réfléchi au problème des mariages mixtes. À Shanghai, un étudiant de retour qui était resté avec nous pendant plusieurs jours avait dit à Chan-King par la suite : « J'ai failli épouser une Américaine alors que j'étais à l'université. J'aurais aimé avoir le courage de le faire maintenant. A cette époque, j'avais beaucoup de peine pour l'inconnue qui avait manqué tout le bonheur qui m'arrivait, et maintenant j'étais plus sûr que jamais de la vraie qualité de mon bonheur. Il n'y avait aucun doute à ce sujet. Mais j'ai réalisé à quel point tout avait pu être gâché de nombreuses manières. Si mon mari avait été moins attentionné, moins sincère et moins loyal, si sa famille avait été moins aimable et moins large d'esprit, si j'avais moi-même été capricieuse et volontaire ou incapable de m'adapter à mon environnement, j'aurais pu sonder chaque jour les profondeurs de la misère. J'ai décidé qu'aucune règle ne pouvait être établie concernant les mariages mixtes. C'était un problème individuel, comme tout mariage doit l'être d'ailleurs. Alors, lorsqu'une jeune fille de chez moi m'a écrit pour me demander conseil, se croyant amoureuse d'un camarade de classe chinois, et a conclu : « Vous, Mme Liang, devez régler la question pour moi », j'ai répondu, comme je n'aurais pas dû le faire. un an plus tôt : « C'est une question que vous seuls êtes compétents pour régler. Personne ne peut vous conseiller en toute sécurité, car une erreur dans un sens ou dans l'autre peut entraîner un malheur à vie. Mais j'oserais suggérer que l'amour est suffisamment fort pour résister à l'épreuve. Le mariage mixte ne demande pas de conseils. Il est sûr de lui.

Dans une maison où seuls mon fils aîné et moi parlions anglais, mes difficultés linguistiques étaient étonnamment légères. Chan-King m'avait laissé une liste de phrases de tous les jours, et mon oreille devenait très fine dans mes efforts constants pour comprendre le discours rapide qui se déroulait autour de moi toute la journée. En peu de temps, j'ai pu comprendre pratiquement tout ce qu'on me disait.

Au cours des longues conversations que Mère et moi avons eues dans le calme de la soirée, nous avons beaucoup parlé de Chan-King et elle nous a montré de précieuses reliques de son enfance : une petite veste de velours rouge foncé, une casquette usée, un jouet en argent et les mêmes objets. manuel scolaire dans lequel il a commencé l'étude de l'anglais. Je les aimais tous, je l'aimais encore plus parce qu'elle les chérissait et j'étais extrêmement heureux de recevoir une photo de Chan-King à un âge plus précoce que toutes celles qu'il possédait. Elle était également très intéressée par toutes nos photographies. Elle s'est beaucoup amusée à voir Chan-King préparé pour des représentations théâtrales universitaires et, lorsque je lui ai montré des photos de moi à tout âge, de mes parents et de mes grands-parents, elle a retracé les ressemblances familiales avec une perception infaillible. Parfois, nous regardions les magazines que Chan-King nous envoyait de la capitale ou parlions de diverses coutumes étrangères. J'ai vite trouvé qu'il était très facile de parler avec elle et, avec son aide, j'ai également appris à lire et à écrire des caractères chinois simples, car un père très libéral lui avait accordé des avantages éducatifs dont jouissaient peu de filles de sa génération.

Lorsque les aiguilles de sa petite horloge en ébène indiquaient midi, elle me touchait doucement la main et me disait : « Il est temps pour toi de dormir.

"Mais je dois d'abord écrire à Chan-King", répondais-je.

Elle me tendait le doigt avec gentillesse et prudence. « Il est trop tard », répondait-elle. "Tu dois dormir."

Je tiendrais fermement sur ce point. "Mais, ma mère, si je n'écris pas à Chan-King, je ne peux pas dormir !"

Elle consentirait alors, et le lendemain j'emporterais les pages pour lui montrer, car mes lettres à Chan-King et ses volumineuses réponses l'amusaient beaucoup. Je lui ai traduit ces lettres aussi fidèlement que me le permettaient mes connaissances limitées en chinois, et j'ai toujours ajouté dans mes lettres des messages dictés par elle.

J'apprenais la méthode romanisée d'écriture chinoise, qui pour notre dialecte a été remarquablement développée et standardisée. Ma mère était très intéressée lorsque je lui montrais comment écrire des mots familiers avec des lettres étrangères, et Chan-King répondait toujours à ces messages de la même manière, bien que sa mère et lui entretenaient une correspondance régulière en caractères chinois.

« Ces enfants s'écrivent de longues lettres, de quinze à vingt pages à la fois », disait-elle souvent à ses amis avec un plaisir manifeste.

Au-delà de cette compagnie personnelle avec ma mère, que j'appréciais beaucoup, aucune contrainte ne m'était imposée d'aucune manière. J'étais libre de sortir seul, de rappeler et de faire du shopping en ville.

Ma condition physique me poussait à toujours me présenter à la porte de l'appartement de ma mère avant de quitter la maison, à lui expliquer la nature de ma course et à lui demander son approbation. Acceptant la petite formalité pour la courtoisie qu'elle était, elle n'a jamais hésité une seule fois. Elle était habituée à ce respect, et je ne voyais aucune raison de le lui refuser. Toutes les invitations que je recevais de connaissances, étrangères ou chinoises, je les déclinais ou les acceptais selon ses conseils, parce que je comptais sur sa connaissance sans faille des gens et des mœurs sociales.

A deux reprises durant ces mois d'absence de Chan-King, la mort fut proche. Autrefois, c'était un jeune garçon intelligent, un fils unique, en qui on avait placé de grands espoirs ; et puis la jeune fille qui avait accompagné Mère à

Shanghai. Elle n'était pas une servante au sens ordinaire du terme, mais une parente éloignée et orpheline de Mère. Madame Liang fut toujours gentille et généreuse avec elle et lorsque, peu après son retour du voyage à Shanghai, qui avait été un grand événement dans sa vie tranquille, une offre de mariage prometteuse lui fut faite, elle fut envoyée dans sa nouvelle maison avec une tenue de mariée complète. Apprenant enfin notre présence dans la maison familiale, elle enfila sa robe de mariée vert pâle et vint me voir. Son plaisir évident lors de cette rencontre m'a touché de façon poignante. Avec un vif empressement, elle m'a parlé de son mari, de sa gentille belle-mère. Avec fierté, elle a décrit son petit fils. Après une heure gaie avec les enfants, elle partit en promettant de revenir. Mais je ne l'ai jamais revue par la suite. La mort l'a arrachée brusquement à son bonheur.

J'ai commencé à considérer la mort comme quelque chose de pas si éloigné après tout. Plusieurs fois, un groupe d'entre nous – enfants, cousins, amis et domestiques – effectuait de courts déplacements en chaise dans les collines. La vue de milliers de tombes, dont les pierres blanchissaient les flancs des collines à certains endroits, m'impressionnait de plus en plus par la brièveté relative de la vie.

Disséminés sur plusieurs de ces collines se trouvent de curieux monuments de pierre, appelés « arcs de veuve », chacun se dressant seul, généralement au bord d'une route, en commémoration d'une épouse fidèle qui, dans les temps anciens, se suicida à la mort de son mari. Une veuve qui désirait faire ce sacrifice annonçait, peu de temps après, son intention de se suicider. Les membres de sa famille lui érigeaient une estrade en hauteur et invitaient parents et amis à assister à la cérémonie. À l'heure choisie, la dame se pendait et une haute arche de pierre était ensuite érigée en souvenir de son dévouement et de son héroïsme.

Dans la famille chinoise, la veuve qui ne se remarie pas reçoit honneur et vénération juste après la belle-mère. Avec l'âge, elle acquiert une autorité accrue. Il ne lui est pas interdit de se remarier, mais les conditions du second mariage sont suffisamment difficiles pour décourager les plus intrépides. Les enfants de son premier mari restent dans la maison de son peuple, et la famille de son second mari ne lui réserve pas un accueil trop cordial.

On préfère naturellement le libre arbitre dans ces choses-là. Pourtant, j'avais une sympathie totale pour l'idée du veuvage à vie, bien avant de rêver que ce serait ma part. Aussi pénible que fût pour moi la vue des « arcs des veuves » au début, mes convictions faisaient que la vision chinoise de ces arcs ne paraissait pas anormale, même si je savais que cette coutume avait été interdite par un édit impérial environ deux siècles plus tôt.

Même à l'époque où Chan-King et moi croyions que notre amour nous donnerait d'une manière ou d'une autre l'immortalité terrestre, l'idée était forte en moi que, pour ceux qui aimaient vraiment, la mort ne pouvait qu'éteindre le flambeau pendant un instant pour le rallumer plus clairement. flamme d'éternité. Ensuite, j'ai gardé cette pensée au fond de mon esprit. Maintenant, je vis selon cela.

C'est aussi pour cette raison que j'ai toujours trouvé l'attitude des Chinois à l'égard des morts très réconfortante. Ils ne lâchent jamais un seul instant leur emprise sur leurs proches. L'anniversaire du jour du décès est une occasion aussi festive que le jour de la naissance. Le spectacle de la vie se déroule sans interruption, de la naissance à la mort et au-delà, et de la nouvelle naissance, les générations touchant sans cesse des mains mystiques, jusqu'à ce que l'individu se sente partie d'une procession sans fin qui passe un instant dans une lumière blanche et en ressort. , se sent toucher ceux qui sont venus avant et ceux qui viennent après, parmi une longue lignée, irrévocablement liés les uns aux autres.

Malgré leur éthique du sacrifice personnel et leur préoccupation pour l'idée d'éternité, les Chinois n'ont aucun mépris ascétique pour le monde matériel et ils désirent et recherchent sincèrement la longueur des jours. Parmi les symboles et caractères variés utilisés pour exprimer de bons vœux, comme la santé, l'honneur, la richesse, ceux de « longue vie » occupent la prééminence. Ils sont travaillés dans des bagues, des bracelets, des ornements pour cheveux et sont cousus dans des vêtements de mariée ainsi que sur des petits manteaux et des casquettes d'enfants. J'ai toujours ressenti cet énorme respect pour la vie dans toutes leurs coutumes quotidiennes : la préparation des vêtements du bébé lorsque la mariée quittait la maison de son père, l'éducation et le renforcement du clan avec de nombreux enfants, le respect respectueux pour les tombes des ancêtres à qui les vivants devaient la grâce de leur existence.

A plusieurs reprises, j'ai accompagné ma mère dans ses visites aux tombes ancestrales. Je me souviens de la dernière fois, quelques jours seulement avant le retour de Chan-King, que je marchais avec elle, lui tenant une main, tandis que de l'autre elle tenait sa canne à pommeau d'or. Elle portait un costume léger : une jupe noire tressée, un « manteau » lavande et de jolies chaussures de chevreau noires. Des serviteurs la suivaient avec ses paniers d'offrandes.

Nous nous tenions à distance respectueuse, en silence, pendant qu'elle accomplissait ses rites. Tout autour étaient placés des papiers lestés de petites pierres. Elle s'agenouilla et, joignant les mains, répéta dévotement ses prières à voix basse. Puis, aidée par un serviteur, elle brûla les papiers symboles de rafraîchissement et de reconstitution pour les morts. Des pétards ont explosé pour purifier l'air des mauvais esprits, et la cérémonie était terminée.

À notre retour au village, partout les gens l'appelaient depuis leurs portes et elle répondait invariablement avec une courtoisie amicale. Dans la périphérie, nous nous sommes arrêtés pour nous reposer et visiter la maison d'un cousin. Quand nous sommes partis, beaucoup de parents et d'amis nous ont accompagnés pendant un petit bout de chemin, criant à plusieurs reprises : « Au revoir ! et "Reviens, reviens bientôt !" J'ai vu la lumière du soleil sur Tiger Mountain ; J'ai senti le sel de la mer. Tandis que nous contournions les gros rochers qui les cachaient à notre vue, la cadence modulée de leurs « Reviens, reviens bientôt ! » a flotté vers nous. C'était la dernière fois que je l'entendais comme j'étais alors, et je ne rêvais même pas qu'il en soit ainsi.

Depuis un mois j'attendais l'arrivée de Chan-King. Ses lettres étaient toujours des lettres d'amour, avec des paragraphes ajoutés disant qu'il se débrouillait bien dans son travail et qu'il aurait beaucoup à m'en dire à son retour. Enfin une lettre nous dit de l'attendre sur un certain bateau à vapeur, à un certain jour. Mais les horaires étaient encore confus à cause de la guerre. Ce bateau à vapeur a été retardé et Chan-King a navigué vers un autre port, avec l'intention d'y changer. D'autres retards ont suivi. Plus de lettres d'explication. Encore des retards. Mère et moi avons eu le cœur brisé par l'espoir différé. Enfin, un matin, épuisé de surveillance, je m'endormis plus tard que d'habitude, et ce matin-là Chan-King rentra à la maison.

Réveillé d'une longue somnolence, j'entendis un remue-ménage dans la maison tranquille, le tintement d'un gong, un bruit de pas capitonnés dans le hall extérieur. Des voix joyeuses se mêlaient aux salutations à la porte de l'appartement de ma mère. J'ai enfilé ma robe, mis Alicia sous mon bras et j'ai couru à travers la pièce, ouvrant la porte alors même que Chan-King avait la main levée pour frapper au panneau. Je l'ai vu vaguement dans la lumière vacillante. Il souriait et derrière lui se tenait sa mère, souriante également. Chacun de nous prononçait solennellement le nom de l'autre, essayant d'effacer, d'un long regard, le souvenir de tous ces mois d'absence. Puis il a vu le bébé. "Li-Sia, mes mille chats d'or !" dit-il en chinois. Alicia sourit et lui tendit les bras. "Elle le reconnaît !" » dit Mère, avec une agréable surprise. Nous restâmes tous les trois un moment, en silence, rassemblés autour de l'enfant. Je me sentais plus profondément absorbée par le clan – une femme chinoise, à nouveau dévouée, cœur et esprit, à mon peuple adoptif.

Plus tard, Chan-King m'expliqua la raison de son retour. Son service juridique auprès du gouvernement était terminé et sa nomination attendue était enfin arrivée. Nous devions retourner en Amérique, où il travaillerait dans le service consulaire chinois. Après une période dans ce travail, un brillant avenir dans le domaine diplomatique semblait assuré. Cela signifiait quitter ma Chine bien-aimée, où j'étais solidement enraciné. Mais nous avons convenu que l'exil ne durerait que quelques années et que nous retournerions sûrement dans notre Terre promise, pour y profiter de notre « longue vie avec honneur ».

Maintenant, notre existence tranquille était interrompue dans une certaine mesure. Presque immédiatement, nous nous sommes mis à préparer notre nouvelle vie en Amérique. Chan-King attendait ce changement avec un intérêt captivant, presque comme s'il rentrait chez lui. Ma réaction immédiate fut une réaction de joie, rapidement suivie par le chagrin d'abandonner des choses désormais aimées et familières. Je voulais paraître joyeux, par devoir envers ceux qui m'entouraient. Je ne voulais pas paraître trop joyeux, de peur que Mère ne me trouve heureux de partir.

C'est à cette époque que j'ai enfin rencontré mon père chinois. Par une belle journée du début de l'automne, Chan-King et moi sommes descendus en ville et sommes revenus en milieu d'après-midi. Alors que nos chaises étaient déposées devant l'entrée, le portier annonça à Chan-King l'arrivée de son père. J'ai été rempli d'une appréhension rapide. Une fois de plus, le hasard avait décidé de mon costume : je portais, non pas le costume chinois conservateur dans lequel j'avais rencontré ma mère, mais une robe américaine à froufrous en soie d'été bleue et blanche, un chapeau en dentelle blanche avec du velours noir et des boutons de roses roses et des chaussures de chevreau blanches. . Chan-King portait des flanelles blanches et un chapeau Panama. Il remit cette dernière à un domestique, ainsi que sa canne. Alors que nous entrions ensemble dans la pièce principale, une silhouette se leva à côté de Mère pour nous recevoir. J'ai vu un homme âgé, de taille moyenne, au visage sinistre, bien rasé et aux cheveux gris. Il portait une longue robe de soie d'un bleu profond, avec une veste extérieure noire et l'habituel bonnet rond en satin noir. Mon mari l'a d'abord salué puis m'a présenté. Tandis que j'étais incertain, il y eut une inclinaison courtoise de la tête grise, la gravité de l'expression se dissout dans un sourire merveilleusement séduisant et, étonnamment, comme ma mère l'avait fait, mon père chinois me tendit la main. Je sentais qu'il m'interprétait à la lumière de tout ce qu'elle lui avait dit, que sa poignée de main cordiale et ses aimables paroles de bienvenue étaient sa ratification de son jugement. Puis, d'un geste courtois, il m'a assigné à sa chaise récemment occupée à côté de Mère, tandis que lui et Chan-King prenaient place ensemble en face de nous. Mère m'a souri dans les yeux avec son expression la plus heureuse. Je sentais que le parcours de Chan-King était complet. Bien avant, je l'avais conçu comme dur et menaçant, mais j'avais maintenant prouvé qu'il était tout à fait gentil et protecteur. Face à ma récente peur de cette dernière épreuve, je me suis interrogé et j'ai souri.

Le père était très heureux de voir ses petits-fils capables de converser couramment dans sa langue maternelle. Il les rassemblait autour de lui pendant une heure à la fois, leur posant des questions pour tester leurs connaissances pratiques ou leur racontant des histoires pour les amuser. Alicia l'a également ravi. Aux simples ordres chinois, elle joignait ou croisait les mains et s'inclinait profondément. La mère était très fière de sa petite-fille et disait souvent : « Elle est exactement comme Chan-King à son âge ! Et son mari acquiesçait invariablement avec un sourire indulgent. Il existait entre ces deux hommes, pourtant conservateurs, des marques d'affection et de respect mutuels, de véritable camaraderie, qui me touchèrent profondément. J'étais heureux que mon père soit avec ma mère lorsque Chan-King et moi nous sommes retirés, nous et nos trois enfants, de la maison à laquelle, selon la vieille coutume chinoise, nous avions tous légitimement notre place.

La question d'y laisser un ou plusieurs de nos enfants pour un temps fut discutée un après-midi plus tard.

"Dans des circonstances ordinaires", dit Père à Chan-King, "tu partirais seul, comme le fait ton frère, laissant toute ta famille avec nous. Au minimum, tu permettrais qu'un enfant reste à ta place. Mais bien sûr votre mère et moi comprenons que ce ne sont pas des circonstances ordinaires. Votre femme est américaine. Elle a tenu compte de notre point de vue à bien des égards – plus que prévu – et dans cette affaire, nous ne manquons pas de prendre en compte le sien. sans aucun doute le vôtre aussi. Nous comprenons que, selon le point de vue américain, les enfants appartiennent toujours à leurs parents. Nous ne pouvons bien sûr pas vous nier le droit à ce mode de vie. Mais nous voulons que vous le ressentiez, si vous le pouvez. laissez-nous ne serait-ce qu'un enfant, nous serons très heureux. Vous comprenez quelle protection et quels soins lui seront apportés.

Pendant un instant, il y eut un silence. Mon cœur était très rempli, et même si c'était à moi de parler, j'aurais été incapable de le faire. Mentalement, j'imaginais la solitude de ma mère à l'idée de perdre tant de ses enfants. En vain j'ai essayé d'imaginer notre maison en Amérique avec ne serait-ce qu'un petit visage manquant. J'ai observé mon mari, j'ai remarqué les petites traces de conflit sur son visage, peut-être impassible face à un regard désinvolte. Enfin il parla.

"Père, mère", commença-t-il avec sérieux, "nous apprécions en effet votre grande gentillesse et votre générosité. Vous le comprendrez, tout comme vous comprenez très bien notre situation. Nous savons qu'ici avec vous nos enfants auraient de nombreux avantages que nous, peut-être, ne pouvons-nous pas les donner. Mais lequel pourrions-nous laisser profiter de ces avantages ? Pas Wilfred, car il est notre fils aîné, sur lequel nous comptons une grande dépendance. Et Alfred – de nous tous, il semble le moins adapté au climat du sud. La chaleur de l'été l'a laissé un peu pâle et apathique. Il a besoin du voyage en mer. Quant à Alicia, c'est notre fille unique. Ne nous croyez pas indifférents à tout ce que vous avez fait. Mais je crains que nous ne sachions pas comment. faire notre maison sans nos enfants.

Après tout, ce n'était évidemment pas une surprise. Ils secouèrent la tête un peu tristement, puis sourirent.

"Très bien," acquiesça Père. "Mais vous devez promettre ceci : que de temps en temps, chaque fois que votre travail le permet, vous reviendrez tous et passerez à nouveau un an avec nous. Ne laissez pas les enfants nous oublier, ni leur parler chinois. Dans quatre ans, à la plupart, tous reviennent ensemble.

Nous avons promis volontiers, Mère et moi, nous répétant la phrase : « Dans quatre ans, nous reviendrons tous ensemble. Nos yeux étaient pleins de larmes.

Cette nuit-là, j'ai dit à mon mari : « Nous aurions dû en laisser un. »

Mais Chan-King était à ce moment-là un penseur plus clair et connaissait la vérité sur cette situation mieux que moi. "Lequel?" me demanda-t-il d'un ton significatif, d'un ton qui me fit voir le vide essentiel de ma protestation.

Le dimanche précédant le départ de notre navire, Chan-King et moi avons fait nos adieux à la Chine. En compagnie de nos parents et de nombreux autres parents, nous avons marché jusqu'au sommet d'une très haute colline, où un vieux temple, qui offrait une vue magnifique à des kilomètres à la ronde, était accroupi avec contentement parmi les rochers, sous le soleil gris. C'était un temple des trois religions, avec d'immenses images en pierre de Confucius, Bouddha et Lao-tseu regroupées dans sa cour extérieure. Ensemble, Chan-King et moi avons grimpé jusqu'à la crête du rocher en terrasse. Je regardais autour de moi, vers le petit village fier et lumineux, alerte et coloré à flanc de colline, vers les parcelles fertiles éparses au milieu des montagnes arides où les tigres construisent leurs tanières. Les collines éternelles balayaient les cieux bas et nuageux, s'éloignant de nous, silencieuses, remplies d'ombres. Un amour débordant pour le sol même sous mes pieds, un attachement à la terre de Chine m'ont submergé. Je voulais m'agenouiller et embrasser cette poussière bien-aimée. "Oh, Chan-King," dis-je, tremblant d'émotion, "C'est la maison ! J'aurais aimé que nous ne partions pas, même pour une journée !"

"Nous reviendrons bientôt", a-t-il déclaré en chinois, "et nous vivrons ici quand nous serons vieux".

Ce soir-là, nous nous sommes assis ensemble dans le jardin tranquille. Des appartements de maman parvenait le son de la voix de son jeune neveu qui chantait ses leçons du lendemain. Nous entendions la gaieté tamisée de deux petites servantes se taquinant dans le hall au-delà. Le long du sentier extérieur, une chaise à porteurs passait avec un balancement rythmé, les supports en bambou craquant doucement pour accompagner le coussinet des pieds chaussés de sandales des porteurs.

De différentes distances parvenaient le tintement d'un gong en cuivre, frémissant dans le calme, le son saccadé de minces bâtons de bambou secoués ensemble dans une boîte cylindrique, le battement mesuré d'un petit hochet de tambour, tandis que les différents vendeurs ambulants annonçaient leurs marchandises. Au-dessus des collines, désormais violettes au crépuscule, la lune ronde se balançait tranquillement dans le ciel violet. D'étranges souffles d'encens flottaient autour de nous. La brise marine remuait les branches d'un oeil-de-dragon tout proche, dont les boules de fruits mûrissants se frappaient doucement les unes contre les autres comme de petites lanternes oscillantes. Pendant de longs moments, nous restâmes assis en silence, les mains jointes.

De ce silence, mon mari prononça doucement des mots que j'avais longtemps désiré entendre : « L'absence, Margaret, enseigne beaucoup de choses. Autrefois, elle t'a montré ton propre cœur. Cette fois, elle m'a appris à croire avec toi en l'immortalité de l'amour comme le nôtre physiquement, nous pouvons parfois être séparés, mais mentalement et spirituellement, vous et moi sommes un pour l'éternité.

La lune s'est levée plus haut, dorée, parfaite, tout comme notre amour.

Quelques jours plus tard, nous embarquons pour l'Amérique. Le reste peut être raconté en quelques mots, car, après tout, aucun mot ne pourrait le dire de manière adéquate. Une semaine après notre arrivée en Amérique, Chan-King fut frappé par la grippe. Depuis plusieurs années, il était dans l'ombre d'une maladie lente, mais avec une résistance acharnée et des périodes de bonne santé si dynamiques et récurrentes que nous avions presque oublié pendant un temps cette menace précoce et sinistre. Mais ces années de lutte ont toutes été mises en balance contre lui lorsque l'heure décisive est arrivée. Au bout de six jours, il est mort. Doucement, avec une terrible implacabilité, la mort se referma sur lui. Nous craignions une fin brutale, il est vrai, mais restions encore incrédules devant une telle calamité. Nous nous sommes donnés mutuellement toutes les assurances que nous pouvions : nos ultimes adieux étaient de simples renouvellements de foi, un resserrement plus ferme de nos mains pour notre marche dans les ténèbres. "De tout le monde, tu es mon amour", a-t-il dit à plusieurs reprises. "Plus que quiconque que tu as compris, tu as été infaillible : tu as été ma femme." Et, presque au moment où il parlait, mes bras ne tenaient plus mon bien-aimé vivant, mais seulement l'argile où son esprit avait été et ne viendrait plus.

Ainsi, par les évidences visibles, mon histoire est terminée. Mais cela a recommencé pour moi, non pas comme je le souhaitais, pas comme je l'espérais, mais à un niveau que je peux supporter. Car j'ai mes enfants, mes souvenirs et ma maison en Chine, qui attend avec la douce guérison de la vue, du son et du lieu... et j'ai appris que dans l'amour, et seulement dans l'amour, nous pouvons en tirer la victoire spirituelle. défaite du corps.